Španělská kuchařka 2023
Autentické recepty ze slunného Španělska

Miguel García

SOUHRN

ŠPANĚLSKÁ KULINÁŘSKÁ TRADICE 2022Errore. Il segnalibro non è definito.

VÝBORNÉ RECEPTYPŘEKVAPIT SVÉ HOSTY Errore. Il segnalibro non è definito.

SALÁT Z ANČOVIEK A MARINOVANÝCH SARDINEK S PARMÉZÁNEM 26

    INGREDIENCE 26

    ZPRACOVÁVÁ SE 26

    TRIK 27

CUKETOVÝ SALÁT S MÁTOU, OŘECHY A MODRÝM SÝREM 28

    INGREDIENCE 28

    ZPRACOVÁVÁ SE 28

    TRIK 28

JEHNĚČÍ SALÁT S MEŘOUNEM, MOZZARELLOU A ŠUNKOU 30

    INGREDIENCE 30

    ZPRACOVÁVÁ SE 30

    TRIK 31

ZELNÝ SALÁT 32

    INGREDIENCE 32

    ZPRACOVÁVÁ SE 32

    TRIK 32

ZELNÝ SALÁT S ŘEPNOU MAJONÉZOU 33

    INGREDIENCE 33

ZPRACOVÁVÁ SE 33

TRIK 33

NAKLÁDANÝ PERCE SALÁT 35

INGREDIENCE 35

ZPRACOVÁVÁ SE 35

TRIK 36

SALÁT ENDIVIDÍ S TRESKOU, TUŇÁKEM A ANČOVIČKAMI
.... 37

INGREDIENCE 37

ZPRACOVÁVÁ SE 37

TRIK 38

ENDIVIDÍ SALÁT S HOUBAMI, KREVETAMI A MANGOM .. 39

INGREDIENCE 39

ZPRACOVÁVÁ SE 39

TRIK 40

JEHNĚČÍ SALÁT S OVOCEM, KREVETAMI A MEDOVOHOŘČICOVÝM VINAIGRETEM 41

INGREDIENCE 41

ZPRACOVÁVÁ SE 41

TRIK 42

ENDIVIDÍ SALÁT S GRANÁTOVÝM JABLÉM A TUŇÁKEM .. 43

INGREDIENCE 43

ZPRACOVÁVÁ SE 43

TRIK 43

SRDÍČKOVÝ SALÁT S TUŇÁKEM A KEŠU 45

INGREDIENCE 45

ZPRACOVÁVÁ SE 45

TRIK 46

ŠPENÁTOVÝ SALÁT S HOUBAMI, SLANINOU A PARMEZÁNEM 47

INGREDIENCE 47

ZPRACOVÁVÁ SE 47

TRIK 47

ŠPENÁTOVÝ SALÁT S HRUŠKOVÝM VINAIGRETEM, MODRÝM SÝREM A HOŘČICÍ 48

INGREDIENCE 48

ZPRACOVÁVÁ SE 48

TRIK 49

CIZRNOVÝ SALÁT S TRESKOU A BAZALKOU ALIOLI 50

INGREDIENCE 50

ZPRACOVÁVÁ SE 50

TRIK 51

PEČENÝ ZELENINOVÝ SALÁT S UZENÝM SÝREM TRESK 52

INGREDIENCE 52

ZPRACOVÁVÁ SE 52

TRIK 53

HLÁŠOVÝ SALÁT S KOZÍM SÝREM A OŘECHOVÝM VINAIGRETEM 54

INGREDIENCE 54

ZPRACOVÁVÁ SE 54

TRIK 55

ZELENINOVÝ SALÁT 56

INGREDIENCE 56
ZPRACOVÁVÁ SE 56
TRIK 56
SALÁT Z ČOČKY A KREVET 57
INGREDIENCE 57
ZPRACOVÁVÁ SE 57
TRIK 57
PAPROVÝ SALÁT SE SÝREM A ŠUNKOU 58
INGREDIENCE 58
ZPRACOVÁVÁ SE 58
TRIK 58
SALÁT Z ZELENÉHO CHŘESTU SE ŠUNKOU SERRANO 59
INGREDIENCE 59
ZPRACOVÁVÁ SE 59
TRIK 60
TĚSTOVINOVÝ SALÁT 61
INGREDIENCE 61
ZPRACOVÁVÁ SE 61
TRIK 62
BRAMBOROVÝ SALÁT S ANČOVKAMI, MODRÝM SÝREM A OŘECHY 63
INGREDIENCE 63
ZPRACOVÁVÁ SE 63
TRIK 64
SALÁT Z PEČENÉHO PAPRIKA S TUŇÁKEM A CIBULÍ 65
INGREDIENCE 65

ZPRACOVÁVÁ SE 65
TRIK 66
ŘECKÝ SALÁT 67
INGREDIENCE 67
ZPRACOVÁVÁ SE 67
TRIK 67
MALAGSKÝ SALÁT 68
INGREDIENCE 68
ZPRACOVÁVÁ SE 68
TRIK 68
SALÁT MIMOSA 70
INGREDIENCE 70
ZPRACOVÁVÁ SE 70
TRIK 70
NICOISE SALÁT 71
INGREDIENCE 71
ZPRACOVÁVÁ SE 71
TRIK 72
KUŘECÍ SALÁT S OVOCEM A CIDER VINAIGRETE 73
INGREDIENCE 73
ZPRACOVÁVÁ SE 73
TRIK 74
SALÁT Z CHOBOTNICE, KREVETY A AVOKÁDO 75
INGREDIENCE 75
ZPRACOVÁVÁ SE 75
TRIK 76

RAKETA S UZENOU OMÁČKOU, RŮŽÍ A OŘECHY 77
- INGREDIENCE 77
- ZPRACOVÁVÁ SE 77
- TRIK 77

TĚSTOVINOVÝ SALÁT S FETOU A MÁTOU 78
- INGREDIENCE 78
- ZPRACOVÁVÁ SE 78
- TRIK 78

SALÁT Z KRETET, SARDEL A GRANÁTOVÉHO JABLKA 79
- INGREDIENCE 79
- ZPRACOVÁVÁ SE 79
- TRIK 80

RAKETA S Pancettou, modrým sýrem A OŘECHY 81
- INGREDIENCE 81
- ZPRACOVÁVÁ SE 81
- TRIK 81

SALÁT Z UZENÉHO LOSOSA, KREVET, BRAMBOR A GRANÁTOVÉHO JABLKA 82
- INGREDIENCE 82
- ZPRACOVÁVÁ SE 82
- TRIK 83

MRKVOVÝ SALÁT S KONZERVOVANÝMI SARDINKAMI ..84
- INGREDIENCE 84
- ZPRACOVÁVÁ SE 84
- TRIK 84

VALDORFSKÝ SALÁT 85

INGREDIENCE 85

ZPRACOVÁVÁ SE 85

TRIK 85

BRAMBOROVÝ SALÁT S KREVETOU A GRANÁTOVÝM JABLÉM 86

INGREDIENCE 86

ZPRACOVÁVÁ SE 86

TRIK 86

CAESARŮV SALÁT 88

INGREDIENCE 88

ZPRACOVÁVÁ SE 88

TRIK 89

PIPIRRANA MURCIANO 90

INGREDIENCE 90

ZPRACOVÁVÁ SE 90

TRIK 90

RAKETA S MANGOM, KUŘETEM A PISTÁCÍ 91

INGREDIENCE 91

ZPRACOVÁVÁ SE 91

TRIK 91

JULIANNE POLÉVKA 93

INGREDIENCE 93

ZPRACOVÁVÁ SE 93

TRIK 93

ČESNEK BÍLÝ MALAGUENO 94

INGREDIENCE 94

ZPRACOVÁVÁ SE 94

TRIK 94

KRÉM Z PEČENÉ ČERVENÉ PAPRICE 95

INGREDIENCE 95

ZPRACOVÁVÁ SE 95

TRIK 95

KRAB BISKET 96

INGREDIENCE 96

ZPRACOVÁVÁ SE 96

TRIK 97

KONZUMACE KUŘECÍHO S JABLKEM 98

INGREDIENCE 98

ZPRACOVÁVÁ SE 98

TRIK 98

ANTEQUERA CÍL 100

INGREDIENCE 100

ZPRACOVÁVÁ SE 100

TRIK 100

KRÉM SAINT-GERMAIN 101

INGREDIENCE 101

ZPRACOVÁVÁ SE 101

TRIK 101

POLÉVKA S COOKIE A KRETETAMI 102

INGREDIENCE 102

ZPRACOVÁVÁ SE 102

TRIK 103

KASTILSKÝ CIZRNOVÝ KRÉM 103
    INGREDIENCE 103
    ZPRACOVÁVÁ SE 103
    TRIK 103

RYBÍ POLÉVKA 104
    INGREDIENCE 104
    ZPRACOVÁVÁ SE 104
    TRIK 104

KRÉM Z TRESKY 105
    INGREDIENCE 105
    ZPRACOVÁVÁ SE 105
    TRIK 106

BROKOLIKOVÝ KRÉM S OPEČENOU SLANINOU 107
    INGREDIENCE 107
    ZPRACOVÁVÁ SE 107
    TRIK 107

MANCHEGO GAZPACHO 109
    INGREDIENCE 109
    ZPRACOVÁVÁ SE 109
    TRIK 109

CUKETOVÝ KRÉM 110
    INGREDIENCE 110
    ZPRACOVÁVÁ SE 110
    TRIK 110

KASTILÁNSKÁ POLÉVKA 111
    INGREDIENCE 111

ZPRACOVÁVÁ SE 111

TRIK 111

DÝŇOVÝ KRÉM 112

INGREDIENCE 112

ZPRACOVÁVÁ SE 112

TRIK 112

KRÉM Z ZELENÉHO CHŘESTU S UZENÝM LOSOSEM 113

INGREDIENCE 113

ZPRACOVÁVÁ SE 113

TRIK 113

ŠPENÁTOVÝ KRÉM S LEPIEM Z KONZERVY 114

INGREDIENCE 114

ZPRACOVÁVÁ SE 114

TRIK 115

ANDALUSKÉ GAZPACHO 116

INGREDIENCE 116

ZPRACOVÁVÁ SE 116

TRIK 116

FAZOLOVÝ A PAPRIKOVÝ KRÉM SE ŠUNKOU SŮL 117

INGREDIENCE 117

ZPRACOVÁVÁ SE 117

TRIK 118

MELOUNOVÝ KRÉM SE ŠUNKOU A BRAMBOREM 119

INGREDIENCE 119

ZPRACOVÁVÁ SE 119

TRIK 119

BRAMBOROVÝ KRÉM S CHORIZEM 120
    INGREDIENCE 120
    ZPRACOVÁVÁ SE 120
    TRIK 120
KONFERENCE KRÉM Z HRUŠEK A BRAMBOR 121
    INGREDIENCE 121
    ZPRACOVÁVÁ SE 121
    TRIK 121
KRÉM Z PORKU 122
    INGREDIENCE 122
    ZPRACOVÁVÁ SE 122
    TRIK 122
HUBOVÝ KRÉM A VLOČKY PARMEZÁNU 123
    INGREDIENCE 123
    ZPRACOVÁVÁ SE 123
    TRIK 123
RAJSKÁ POLÉVKA 125
    INGREDIENCE 125
    ZPRACOVÁVÁ SE 125
    TRIK 125
STUDENÝ MELOUNOVÝ KRÉM 126
    INGREDIENCE 126
    ZPRACOVÁVÁ SE 126
    TRIK 126
KRÉM Z ŘEPY 127
    INGREDIENCE 127

ZPRACOVÁVÁ SE 127

TRIK 127

KRÉM NA PARMENT 128

INGREDIENCE 128

ZPRACOVÁVÁ SE 128

TRIK 128

KRÉMOVÉ škeble 129

INGREDIENCE 129

ZPRACOVÁVÁ SE 129

TRIK 130

ČOKOLÁDOVÝ KRÁLÍK S PRAŽENÝMI MANDLEMI 131

INGREDIENCE 131

ZPRACOVÁVÁ SE 131

TRIK 132

CRIADILLA JEHNĚČÍ CLEBA S BYLINKAMI JEMNÁ 133

INGREDIENCE 133

ZPRACOVÁVÁ SE 133

TRIK 133

Milánský eskalop 134

INGREDIENCE 134

ZPRACOVÁVÁ SE 134

TRIK 134

DUŠENÝ MAS V LA JARDINERA 135

INGREDIENCE 135

ZPRACOVÁVÁ SE 135

TRIK 136

FLAMENCO 137
    INGREDIENCE 137
    ZPRACOVÁVÁ SE 137
    TRIK 137
TELECÍ FRICANDO 138
    INGREDIENCE 138
    ZPRACOVÁVÁ SE 138
    TRIK 139
KAŠE S CHORIZEM A KLOBÁSEM 140
    INGREDIENCE 140
    ZPRACOVÁVÁ SE 140
    TRIK 141
LACON S TUŘÍNEM 142
    INGREDIENCE 142
    ZPRACOVÁVÁ SE 142
    TRIK 142
TELECÍ JÁTRA V OMÁČCE Z ČERVENÉHO VÍNA 144
    INGREDIENCE 144
    ZPRACOVÁVÁ SE 144
    TRIK 145
Dušený zajíc 146
    INGREDIENCE 146
    ZPRACOVÁVÁ SE 146
    TRIK 147
VEPŘOVÝ HLÍČEK S BROSKVÍ 148
    INGREDIENCE 148

ZPRACOVÁVÁ SE 148

TRIK 148

LEAN OMÁČKA 149

INGREDIENCE 149

ZPRACOVÁVÁ SE 149

TRIK 149

DUŠENÉ VEPŘOVÉ KNOFLÍKY 150

INGREDIENCE 150

ZPRACOVÁVÁ SE 150

TRIK 151

DROBKY 152

INGREDIENCE 152

ZPRACOVÁVÁ SE 152

TRIK 152

PLNĚNÁ VEPŘOVÁ HLÍDKA 153

INGREDIENCE 153

ZPRACOVÁVÁ SE 153

TRIK 154

CARBONARA TELECÍ 155

INGREDIENCE 155

ZPRACOVÁVÁ SE 155

TRIK 156

JEHNĚČÍ CHLÉB S PORCINI 157

INGREDIENCE 157

ZPRACOVÁVÁ SE 157

TRIK 158

TELECÍ OXOBUCO S POMERANČEM 159

    INGREDIENCE 159

    ZPRACOVÁVÁ SE 159

    TRIK 160

VÍNNÁ KLOBÁBA 161

    INGREDIENCE 161

    ZPRACOVÁVÁ SE 161

    TRIK 161

ANGLICKÝ MEAT PIE 162

    INGREDIENCE 162

    ZPRACOVÁVÁ SE 162

    TRIK 163

DUŠENÉ TELECÍ KUL 164

    INGREDIENCE 164

    ZPRACOVÁVÁ SE 164

    TRIK 165

RENE V JEREZU 166

    INGREDIENCE 166

    ZPRACOVÁVÁ SE 166

    TRIK 167

milánské ossobuco 168

    INGREDIENCE 168

    ZPRACOVÁVÁ SE 168

    TRIK 169

IBERSKÉ TAJEMSTVÍ S DOMÁCÍ OMÁČKOU CHIMICHURRI 170

    INGREDIENCE 170

ZPRACOVÁVÁ SE 170

TRIK 170

TELECÍ TUŇÁK 172

INGREDIENCE 172

ZPRACOVÁVÁ SE 172

TRIK 173

BÝČÍ OCAS 174

INGREDIENCE 174

ZPRACOVÁVÁ SE 174

TRIK 175

Brownies 176

INGREDIENCE 176

ZPRACOVÁVÁ SE 176

TRIK 176

CITRONOVÝ SORBET S MÁTOU 177

INGREDIENCE 177

ZPRACOVÁVÁ SE 177

TRIK 177

ASTURSKÁ RÝŽE S MLÉKEM 178

INGREDIENCE 178

ZPRACOVÁVÁ SE 178

TRIK 178

ROZMARÝNOVÝ BANÁNOVÝ KOMPOT 179

INGREDIENCE 179

ZPRACOVÁVÁ SE 179

TRIK 179

BRULÉOVÉ KRÉMY 180

    INGREDIENCE 180

    ZPRACOVÁVÁ SE 180

    TRIK 180

CIKÁNSKÁ NÁRUČ NÁPLNĚNÁ KRÉMEM 181

    INGREDIENCE 181

    ZPRACOVÁVÁ SE 181

    TRIK 181

EGG FLAN 182

    INGREDIENCE 182

    ZPRACOVÁVÁ SE 182

    TRIK 182

CAVA ŽELÉ S JAHODAMI 183

    INGREDIENCE 183

    ZPRACOVÁVÁ SE 183

    TRIK 183

SMAŽENÝ 184

    INGREDIENCE 184

    ZPRACOVÁVÁ SE 184

    TRIK 184

KOKA SVATÉHO JANA 185

    INGREDIENCE 185

    ZPRACOVÁVÁ SE 185

    TRIK 186

ŠÁLEK HRUŠKOVÉHO KOMPOTU S MASCARPONE 187

    INGREDIENCE 187

ZPRACOVÁVÁ SE 187

TRIK 187

ČOKOLÁDOVÝ COULANT 189

INGREDIENCE 189

ZPRACOVÁVÁ SE 189

TRIK 189

MRKVOVÝ A SÝROVÝ KOLÁČ 190

INGREDIENCE 190

ZPRACOVÁVÁ SE 190

TRIK 191

Katalánský krém 192

INGREDIENCE 192

ZPRACOVÁVÁ SE 192

TRIK 192

FRANCOUZSKÝ TOAST 193

INGREDIENCE 193

ZPRACOVÁVÁ SE 193

TRIK 193

PURČINKOVÝ KRÉM 194

INGREDIENCE 194

ZPRACOVÁVÁ SE 194

TRIK 194

Kokosová broskvová flan 195

INGREDIENCE 195

ZPRACOVÁVÁ SE 195

TRIK 195

FOOND Z BÍLÉ ČOKOLÁDY A OVOCE 196
    INGREDIENCE 196
    ZPRACOVÁVÁ SE 196
    TRIK 196
ČERVENÉ OVOCE VE SLADKÉM VÍNĚ S MÁTOU 196
    INGREDIENCE 197
    ZPRACOVÁVÁ SE 197
    TRIK 197
INTXAURSALSA (OŘECHOVÝ KRÉM) 198
    INGREDIENCE 198
    ZPRACOVÁVÁ SE 198
    TRIK 198
MERENGUOVANÉ MLÉKO 199
    INGREDIENCE 199
    ZPRACOVÁVÁ SE 199
    TRIK 199
KOČIČÍ JAZYKY 200
    INGREDIENCE 200
    ZPRACOVÁVÁ SE 200
    TRIK 200
ORANŽOVÉ SUŠENKY 201
    INGREDIENCE 201
    ZPRACOVÁVÁ SE 201
    TRIK 201
PEČENÁ JABLKA S PORTSKÝM 202
    INGREDIENCE 202

ZPRACOVÁVÁ SE 202

TRIK 202

VAŘENÉ PUSINKY 203

INGREDIENCE 203

ZPRACOVÁVÁ SE 203

TRIK 203

PUDINK 204

INGREDIENCE 204

ZPRACOVÁVÁ SE 204

TRIK 204

FIALOVÉ CANDY PANNA COTTA 206

INGREDIENCE 206

ZPRACOVÁVÁ SE 206

TRIK 206

CITRUSOVÉ COOKIES 207

INGREDIENCE 207

ZPRACOVÁVÁ SE 207

TRIK 208

MANGA PASTY 209

INGREDIENCE 209

ZPRACOVÁVÁ SE 209

TRIK 209

HRUŠKY VE VÍNĚ 210

INGREDIENCE 210

ZPRACOVÁVÁ SE 210

TRIK 210

ALAŠSKÝ KOLÁČ 211

    INGREDIENCE 211

    ZPRACOVÁVÁ SE 211

    TRIK 211

PUDINK 212

    INGREDIENCE 212

    ZPRACOVÁVÁ SE 212

    TRIK 212

TOMATO KONCASSY 213

    INGREDIENCE 213

    ZPRACOVÁVÁ SE 213

    TRIK 213

ROBERTO OMÁČKA 214

    INGREDIENCE 214

    ZPRACOVÁVÁ SE 214

    TRIK 214

RŮŽOVÁ OMÁČKA 215

    INGREDIENCE 215

    ZPRACOVÁVÁ SE 215

    TRIK 215

RYBÍ TAŠKA 216

    INGREDIENCE 216

    ZPRACOVÁVÁ SE 216

    TRIK 216

NĚMECKÁ OMÁČKA 217

    INGREDIENCE 217

ZPRACOVÁVÁ SE 217
TRIK 217

SALÁT Z ANČOVIEK A MARINOVANÝCH SARDINEK S PARMÉZÁNEM

INGREDIENCE

100 **g parmezánu**

75 **g oliv**

75 **g vlašských ořechů**

10 **marinovaných sardinek**

10 **ančoviček**

1 **stroužek česneku**

1 **okurka**

1 **jarní cibulka**

½ **endivie**

Ocet

Olivový olej

sůl

ZPRACOVÁVÁ SE

Umyjte a dezinfikujte escarole. Rozpůleným česnekem potřeme povrch salátové mísy.

Okurku oloupeme a nakrájíme na tenké proužky. Stejným způsobem nakrájíme parmazánové vločky. Přidejte to do escarole. Olivy vypeckujeme a nakrájíme na čtvrtky. Cibuli nakrájíme na jemné proužky julienne.

Dokončete sestavování salátu s vlašskými ořechy, olivami, sardinkami a ančovičkami. Oblékněte vinaigrettou z oleje, octa a soli.

TRIK

Obvyklé poměry pro vinaigretty jsou 3 díly oleje na 1 díl octa plus špetka soli.

CUKETOVÝ SALÁT S MÁTOU, OŘECHY A MODRÝM SÝREM

INGREDIENCE

2 **cukety**

200 **g modrého sýra**

100 **g vlašských ořechů**

8 **lístků máty**

1 **kajenský pepř**

2 **lžíce citronové šťávy**

6 **lžic extra panenského olivového oleje**

Sůl a pepř

ZPRACOVÁVÁ SE

Cukety omyjeme a pomocí škrabky na brambory nakrájíme na tenké nudličky. Odstraňte také jemné proužky parmazánu a máty. Sýr a vlašské ořechy nakrájíme na malé kousky.

Z oleje, citronové šťávy, jemně nasekaného kajenského pepře, soli a pepře připravte vinaigrette.

Smíchejte všechny ingredience a oblékněte vinaigrette.

TRIK

Saláty je potřeba oblékat na poslední chvíli. V opačném případě se přísady rozmočí a nebudou křupavé.

JEHNĚČÍ SALÁT S MEŘOUNEM, MOZZARELLOU A ŠUNKOU

INGREDIENCE

1 sáček jehněčího salátu

175 g kuliček mozzarelly

100 g šunky serrano

½ melounu

½ svazku bazalky

3 lžíce octa

Olivový olej

Sůl a pepř

ZPRACOVÁVÁ SE

Sbírejte kuličky melounu jedním úderem. Kanóny dejte do salátové mísy, navrch položte kuličky mozzarelly a vodního melounu. Šunku nakrájíme na nudličky a přidáme do salátu. Smíchejte přísady.

Bazalku nasekejte na trošce oleje. Připravte si vinaigrette z 9 lžic bazalkového oleje a 3 octa.

Salát osolíme a dochutíme solí a pepřem.

TRIK

Velmi originálním a osvěžujícím aperitivem je ponoření kuliček melounu na 24 hodin do nápoje dle vlastního výběru (sangria, mojito atd.).

ZELNÝ SALÁT

INGREDIENCE
½ **bílého zelí**
4 **lžíce smetany**
2 **lžíce majonézy**
1 **lžíce hořčice**
1 **lžička octa**
½ **malé jarní cibulky**
2 **mrkve**
1 **jablko**
sůl

ZPRACOVÁVÁ SE
Zelí, mrkev, jarní cibulku a jablko nakrájíme na velmi tenké nudličky.

Smetanu, majonézu, hořčici a ocet smícháme v misce tyčí.

Salát ochutíme omáčkou, podle chuti dosolíme a dobře promícháme.

TRIK
Nechte alespoň 2 hodiny odležet v lednici a odstraňte případnou tekutinu.

ZELNÝ SALÁT S ŘEPNOU MAJONÉZOU

INGREDIENCE

175 g zelí

175 g červeného zelí

75 g majonézy

1 velká mrkev

2 velké jarní cibulky

1 jablko

½ vařené červené řepy

Sůl a pepř

ZPRACOVÁVÁ SE

Zelí a bílé zelí oloupeme a nakrájíme na velmi tenké nudličky.

Mrkev a jarní cibulku oloupeme a oloupeme. Jablko oloupejte, zbavte jádřince a nastrouhejte.

Červenou řepu smícháme s majonézou. Vše smícháme v míse a okořeníme.

TRIK

Nechte alespoň 2 hodiny odležet v lednici a odstraňte případnou tekutinu.

NAKLÁDANÝ PERCE SALÁT

INGREDIENCE

4 **koroptve**

2 **sklenice bílého vína**

1 **římský salát**

1 **stroužek česneku**

1 **bobkový list**

1 **mrkev**

1 **pórek**

Mouka

1 **sklenici octa**

Olivový olej

Sůl a pepř

ZPRACOVÁVÁ SE

V kastrůlku osolíme, okořeníme a orestujeme koroptve. Vyjměte a rezervujte.

Na stejném oleji orestujeme mrkev a pórek nakrájený na tyčinky a na plátky nakrájený česnek. Když je zelenina měkká, přidejte 1 sklenici oleje, ocet a víno. Přidejte bobkový list a pepř, dochuťte solí a vařte 5 minut.

Přidejte koroptve a vařte dalších 35 minut na mírném ohni nebo do měkka. Nechte přikryté teplem odpočinout.

Očistěte a dezinfikujte salát. Nakrájíme ho na tenké nudličky a přidáme vykostěné koroptve. Dochutíme nálevem.

TRIK

Nakládání je skvělý způsob, jak uchovat potraviny.

SALÁT ENDIVIDÍ S TRESKOU, TUŇÁKEM A ANČOVIČKAMI

INGREDIENCE

1 **endivii**

350 **g odsolené tresky**

25 **g opražených lískových ořechů**

1 **malá plechovka** černých oliv bez pecky

1 **plechovka tuňáka v oleji**

1 **plechovka ančoviček**

2 **stroužky česneku**

6 **lžic olivového oleje**

2 **lžíce octa**

sůl

ZPRACOVÁVÁ SE

Očistěte a vydezinfikujte endivie. Nakrájejte ho na střední kousky a nechte stranou.

Tresku vařte 2 minuty, vyjměte a rozdrobte.

Česnek nakrájíme na malé kousky a na oleji jej zlehka osmahneme. Z ohně přidejte ocet.

Vložte eskarolu, olivy, rozdrobenou tresku, tuňáka a ančovičky do salátové mísy. Dochutíme olejem s česnekem a dochutíme solí.

Navrch přidáme nasekané lískové ořechy.

TRIK

Můžete přidat i pár semínek granátového jablka. Salátu dodá sladkokyselý nádech zároveň.

ENDIVIDÍ SALÁT S HOUBAMI, KREVETAMI A MANGOM

INGREDIENCE

½ **endivie**

150 **g nafiletovaných a očištěných hub**

150 **g sýra Burgos**

16 **vařených a oloupaných krevet**

1 **zralé mango**

1 **lžíce hořčice**

12 **lžic olivového oleje**

3 **lžíce octa**

Sůl a pepř

ZPRACOVÁVÁ SE

Umyjte a dezinfikujte eskarolu a nakrájejte ji na střední kousky.

Mango oloupejte a nakrájejte na střední kostky. Sýr nakrájejte na stejně velké kostky.

Salát podávejte s endivie, sýrem, mangem, houbami a očištěnými a nafiletovanými krevetami.

Vyšlehejte olej, ocet, hořčici, sůl a pepř a salát oblékněte tímto vinaigrettem.

TRIK

Aby byla endivie křupavější, dejte ji po umytí na 5 minut do ledové vody.

JEHNĚČÍ SALÁT S OVOCEM, KREVETAMI A MEDOVOHOŘČICOVÝM VINAIGRETEM

INGREDIENCE

1 **sáček jehněčího salátu**

150 **g modrého sýra**

75 **g vlašských ořechů**

12 **vařených a oloupaných krevet**

2 **lžíce hořčice**

1 **polévková lžíce medu**

8 **jahod**

2 **kiwi**

½ **manga**

12 **lžic olivového oleje**

3 **lžíce octa**

Sůl a pepř

ZPRACOVÁVÁ SE

Všechno ovoce nakrájejte na pravidelné kostky a uložte do lednice. Vinaigrette připravíme tak, že v misce rozšleháme olej, ocet, hořčici, med, sůl a pepř.

Platit základ licenčních poplatků. Navrch dejte ovoce a zakončete krevetami. Omáčka s vinaigrette.

TRIK

Saláty je potřeba oblékat na poslední chvíli. V opačném případě se přísady rozmočí a nebudou křupavé.

ENDIVIDÍ SALÁT S GRANÁTOVÝM JABLÉM A TUŇÁKEM

INGREDIENCE

1 **endivii**

150 **g tuňáka z konzervy**

1 **malé nastrouhané rajče**

1 **stroužek česneku**

1 **granátové jablko**

6 **lžic olivového oleje**

2 **lžíce octa**

Sůl a pepř

ZPRACOVÁVÁ SE

Česnek nakrájejte na polovinu a salátovou mísu potřete, dokud nebude dobře nasáklá.

Endivie nakrájíme, oloupeme granátové jablko a přidáme nastrouhané rajče a tuňáka.

Udělejte vinaigrette z oleje, octa, soli a pepře. Omáčku escarole a dobře promíchejte, aby se chutě nasákly.

TRIK

Další možnosti je nakrájet česnek na malé kousky a zlehka ho osmahnout na oleji. Pak se salát dochutí tímto horkým dresinkem.

SRDÍČKOVÝ SALÁT S TUŇÁKEM A KEŠU

INGREDIENCE

4 **drahokamy**

150 **g konzervovaného tuňáka v oleji**

100 **g opečených kešu ořechů**

1 **lžička sladké papriky**

2 **stroužky česneku**

barevné cherry rajčata

černé olivy

12 **lžic oleje**

4 **lžíce octa**

sůl

ZPRACOVÁVÁ SE

Poupata očistíme, nakrájíme na čtvrtiny a dáme do servírovací misky.

Česnek nasekáme nadrobno a osmahneme na pánvi s olejem. Přidejte kešu, papriku a ocet.

Přidejte tuňáka, olivy a rajčata k srdíčkům a oblékněte teplý vinaigrette.

TRIK

Před přidáním octa orestujte papriku jen 5 sekund; pokud je příliš smažený, připálí se a vinaigrette bude chutnat hořce.

ŠPENÁTOVÝ SALÁT S HOUBAMI, SLANINOU A PARMEZÁNEM

INGREDIENCE

1 **sáček čerstvého špenátu**

100 **g slaniny**

50 **g čerstvých hub**

30 **g strouhaného parmazánu**

2 **lžíce hořčice**

1 **polévková lžíce citronové šťávy**

9 **lžic olivového oleje**

Sůl a pepř

ZPRACOVÁVÁ SE

Slaninu nakrájíme na nudličky a orestujeme na pánvi bez oleje.

Špenát, očištěné a nakrájené žampiony, parmezán a pancettu dejte do salátové mísy.

Smíchejte olej, hořčici, citronovou šťávu, sůl a pepř a salát oblékněte tímto vinaigrettem. Odebrat.

TRIK

Do salátu můžete přidat i nasekané vlašské ořechy a mandle.

ŠPENÁTOVÝ SALÁT S HRUŠKOVÝM VINAIGRETEM, MODRÝM SÝREM A HOŘČICÍ

INGREDIENCE

2 **hrušky**

150 **g modrého sýra**

100 **g špenátu**

75 **g vlašských ořechů**

½ **jarní cibulky**

1 **lžíce dijonské hořčice**

1 **polévková lžíce citronové šťávy**

1 **polévková lžíce octa**

9 **lžic olivového oleje**

Sůl a pepř

ZPRACOVÁVÁ SE

Hrušky oloupeme a nakrájíme na poloviny a poté je nakrájíme na tenké plátky. Cibuli také nakrájíme nadrobno a sýr nakrájíme na kostičky.

Smícháme olej, ocet, hořčici, citronovou šťávu, sůl a pepř.

Salát spojte se špenátem, hruškami, jarní cibulkou a sýrem. Omáčku s vinaigrette a navrch přidejte nasekané vlašské ořechy.

TRIK

Můžete použít ořechy, ovoce a sýr, které máme nejraději.

CIZRNOVÝ SALÁT S TRESKOU A BAZALKOU ALIOLI

INGREDIENCE

500 **g uvařené cizrny**

500 **g odsolené tresky**

250 **ml mléka**

1 **lžička papriky**

2 **stroužky česneku**

1 **jarní cibulka**

1 **zelená paprika**

8 **lístků bazalky**

Alioli omáčka (viz část Vývary a omáčky)

ZPRACOVÁVÁ SE

Tresku vařte v mléce 2 minuty. Vyjměte z trouby, osušte a rozdrobte.

Cibuli, česnek a papriku nakrájíme na malé kousky. Zeleninu vařte 15 minut na mírném ohni s kapkou oleje a poté přidejte papriku. Cizrnu smícháme s omáčkou a dochutíme solí.

Smíchejte lístky bazalky s alioli, dokud nezískáte hladkou omáčku.

Cizrnu dejte na talíře, položte na ni tresku a pokapejte 1 lžící bazalkového alioli.

TRIK

Dá se to udělat s uzenou treskou. Výsledek je vynikající.

PEČENÝ ZELENINOVÝ SALÁT S UZENÝM SÝREM TRESK

INGREDIENCE

150 **g uzené tresky**

10 **černých oliv**

4 **červené papriky**

3 **stroužky česneku**

2 **lilky**

1 **jarní cibulka**

Ocet

150 **ml olivového oleje**

sůl

ZPRACOVÁVÁ SE

Zeleninu očistíme, pomažeme olejem a společně s česnekem zabalíme do alobalu při 160°C 1 hodinu. Papriky sceďte a přikryjte, aby se vypotily.

Lilek a papriky oloupeme a nakrájíme na proužky. Cibuli také nakrájejte na nudličky julienne.

Smíchejte česnek a olivy s olejem.

Zeleninu nakrájejte na talíře, ochuťte solí, přidejte tresku, olivový olej a dochuťte trochou octa.

TRIK

Pocení papriky znamená zakrýt je ihned po uvaření utěrkou nebo potravinářskou fólií nebo alobalem. Odpařování tak usnadňuje odstranění pokožky.

HLÁŠOVÝ SALÁT S KOZÍM SÝREM A OŘECHOVÝM VINAIGRETEM

INGREDIENCE

1 **sáček míchaného salátu**

100 **g slaniny**

50 **g vlašských ořechů**

50 **g mandlí**

50 **g lískových ořechů**

2 **lžíce medu**

4 **plátky kozího sýra**

15 **cherry rajčat**

8 **sušených rajčat v oleji**

1 **jarní cibulka**

125 **ml panenského olivového oleje**

45 **ml modenského octa**

ZPRACOVÁVÁ SE

Na oleji osmahneme vlašské ořechy. Přidejte modenský ocet a lžíce medu. Nakrájejte, ale nechte celé kusy.

Plátky sýra opečte z obou stran na velmi rozpálené pánvi. Vyjměte a rezervujte. Na stejné pánvi opečte pancettu nakrájenou na nudličky.

Cibuli nakrájíme na nudličky julienne.

Salát spojte s rozmixovaným salátem, nakrájenými cherry rajčaty, slaninou, jarní cibulkou a sýrem. Podle chuti dochuťte vinaigrettem ze sušeného ovoce.

TRIK
Můžete přidat pár vloček parmazánu a kostky smaženého chleba.

ZELENINOVÝ SALÁT

INGREDIENCE

700 **g vařených luštěnin (cizrna, bílé fazole atd.)**

1 **malá cibule**

½ **červené papriky**

½ **zeleného pepře**

1 **velké rajče**

3 **konzervy tuňáka**

12 **lžic olivového oleje**

4 **lžíce octa**

sůl

ZPRACOVÁVÁ SE

Rajčata, papriku a cibuli nakrájíme na velmi malé kousky. Smícháme s tuňákem a okapanou a omytou zeleninou a dochutíme olejem, octem a solí.

TRIK

Ideální k pojídání luštěnin v létě a k tomu, aby se lépe jedly pro nejmenší.

SALÁT Z ČOČKY A KREVET

INGREDIENCE

250 g uvařené čočky

12 vařených krevet

2 lžíce hořčice

3 snítky pažitky

1 velké rajče

1 jarní cibulka

6 lžic olivového oleje

½ lžíce octa

Sůl a pepř

ZPRACOVÁVÁ SE

Rajčata oloupeme a nakrájíme na malé kousky. Jarní cibulku nakrájejte také na drobno a pažitku nasekejte nadrobno.

V misce smíchejte cibuli, rajčata, pažitku a uvařenou čočku.

Olej vyšleháme s hořčicí, octem a pepřem.

Salát ozdobte vinaigrette, promíchejte a dochuťte solí. Podávejte s vyloupanými krevetami nahoře.

TRIK

Je lepší si ho připravit den předem, aby měl salát více chuti.

PAPROVÝ SALÁT SE SÝREM A ŠUNKOU

INGREDIENCE

250 **g vařené šunky**

150 **g sýra Manchego**

250 **ml majonézy**

2 **zelené papriky**

2 **červené papriky**

2 **rajčata**

½ **salátu**

Olivový olej

sůl

ZPRACOVÁVÁ SE

Papriky nakrájíme na tenké proužky a šunku a sýr nakrájíme na kostičky.

Papriky opékejte na velmi horké pánvi po dobu 5 minut. Rezervovat.

Salát očistíme, vydezinfikujeme a nakrájíme na tenké proužky. Umístěte jej na dno salátové mísy a poté na papriky, šunku a sýr položte nakrájená rajčata. Omáčka s majonézou.

TRIK

Pro získání originální omáčky smíchejte 1 lžíci kari s majonézou.

SALÁT Z ZELENÉHO CHŘESTU SE ŠUNKOU SERRANO

INGREDIENCE

1 **svazek zeleného chřestu**
1 **polévková lžíce medu**
4 **plátky šunky serrano**
2 **italské zelené papriky**
2 **jarní cibulky**
1 **dubový listový salát**
rozinky
11 **lžic olivového oleje**
3 **polévkové lžíce Modena octa**
Sůl a pepř

ZPRACOVÁVÁ SE

Salát očistíme, vydezinfikujeme a nakrájíme na střední kousky. Rezervovat.

Chřest nakrájíme škrabkou na brambory na tenké nudličky. Smažte je 30 sekund na velmi horké pánvi se 2 lžícemi oleje. Dochutíme solí a necháme stranou.

Papriku a jarní cibulku nakrájíme nadrobno. Šunku serrano nakrájíme na nudličky a osmahneme. Ze zbytku oleje, octa, medu, soli a pepře připravte vinaigrette.

Hlávkový salát poklademe na talíře, poklademe paprikou a jarní cibulkou. Přidejte horký chřest, šunku serrano, hrst rozinek a oblékněte vinaigrette.

TRIK

Aby byl salát hladší a křupavější, vložte jej do ledové vody, **dokud nebude** připraven k podávání na talíři.

TĚSTOVINOVÝ SALÁT

INGREDIENCE

Spirály 200g

300 g sýra Manchego

300 g Yorkské šunky

50 g zelených oliv bez pecky

4 konzervy tuňáka

1 plechovka piquillových papriček

10 ančoviček

3 vařená vejce

2 mrkve

2 rajčata

1 jarní cibulka

Růžová omáčka (viz část Vývary a omáčky)

ZPRACOVÁVÁ SE

Těstoviny uvaříme ve velkém množství osolené vody. Sceďte, osvěžte a uchovejte v chladu.

Mrkev nastrouháme. Jarní cibulku a rajčata nakrájíme nadrobno. Piquillo papričky, jikry a ančovičky nakrájejte na malé kousky a sýr Manchego a šunku York nakrájejte na kostičky.

Smíchejte těstoviny se všemi ingrediencemi a přelijte růžovou omáčkou.

TRIK

Můžete také přidat nakrájenou bazalku, sladkou kukuřici a 1 lžičku papriky.

BRAMBOROVÝ SALÁT S ANČOVKAMI, MODRÝM SÝREM A OŘECHY

INGREDIENCE

4 **velké brambory**

25 **g modrého sýra**

4 **lžíce majonézy**

15 **ančoviček**

3 **vařená vejce**

1 **rajče**

Ořechy

Mléko

Olivový olej

hrubá sůl

ZPRACOVÁVÁ SE

Brambory oloupeme a nakrájíme na silné plátky a vaříme je ve studené vodě na mírném ohni, aby se nepolámaly. Sceďte a vychlaďte.

Rajčata oloupeme a nakrájíme na tenké plátky. Sýr smícháme s majonézou a troškou mléka.

Brambory podávejte s trochou hrubé soli a oleje. Navrch položte plátky rajčat a ančovičky. Nakonec zakápněte sýrovou omáčkou a ozdobte hrstí nasekaných vlašských ořechů.

TRIK

Další verzí je přidat do salátu pár proužků pečené červené papriky s 1 najemno nakrájeným česnekem.

SALÁT Z PEČENÉHO PAPRIKA S TUŇÁKEM A CIBULÍ

INGREDIENCE

4 **velké červené papriky**

3 **konzervy tuňáka**

2 **stroužky česneku**

2 **jarní cibulky**

Ocet

Olivový olej

sůl

ZPRACOVÁVÁ SE

Stopku paprik zatlačte dovnitř a odstraňte semínka. Na pánev nalijeme trochu oleje a vložíme papriky také namazané olejem. Pečte při 160 °C 90 minut a v polovině pečení otočte.

Mezitím si nakrájíme jarní cibulku a česnek velmi nadrobno na malé kousky.

Jakmile jsou papriky opečené, přikryjte je na 40 minut igelitem, aby se vypotily.

Papriky nakrájíme na proužky, přidáme jarní cibulku, česnek a tuňáka. Dochuťte olejem, octem a solí a vývar z vaření použijte na úpravu salátu.

TRIK

Slupky paprik lze smažit na středním plameni a získat křupavé krystaly ideální na ozdobu.

ŘECKÝ SALÁT

INGREDIENCE

500 **g sýru feta**

1 **lžíce oregana**

5 **okurek**

2 **velká rajčata**

Černé olivy s kostí

Olivový olej

sůl

ZPRACOVÁVÁ SE

Okurky oloupeme a nakrájíme na střední kostky. Nakrájejte fetu a rajčata na stejnou velikost.

Smíchejte okurky, sýr, rajčata, černé olivy a oregano v salátové míse. Dochutíme olivovým olejem a solí.

TRIK

Můžete přidat trochu octa. Pokud jsou rajčata před řezáním oloupaná, výsledná textura je velmi pěkná.

MALAGSKÝ SALÁT

INGREDIENCE

1 **kg brambor**

150 **g konzervovaného tuňáka (nebo uzené tresky)**

50 **g černých oliv**

1 **lžíce sherry octa**

2 **pomeranče**

2 **vejce**

1 **jarní cibulka**

3 **lžíce olivového oleje**

sůl

ZPRACOVÁVÁ SE

Julienne cibuli. Brambory nakrájejte na střední kousky a vařte je do měkka. Vejce také vařte 10 minut. Ochlaďte a oloupejte.

Odstraňte segmenty z pomeranče a očistěte bělavou slupku.

Salát spojte s vařenými bramborami, nakrájenými vejci, jarní cibulkou, celými černými olivami, uzeným tuňákem nebo treskou a kolečky pomeranče. Zalijte vinaigrettou z oleje, octa a špetkou soli a promíchejte.

TRIK

Můžete přidat i pár lístků máty.

SALÁT MIMOSA

INGREDIENCE

1 **velký římský salát**

250 **g hroznů**

¼ **litru smetany**

3 **střední banány**

3 **velké pomeranče**

1 **vařené vejce**

šťáva z ¼ citronu

Sůl a pepř

ZPRACOVÁVÁ SE

Hlávkový salát očistíme a nakrájíme na větší kousky. Banány oloupeme a nakrájíme na plátky. Pomeranče oloupejte, rozdělte na měsíčky a odstraňte bílý film, který je pokrývá.

Salát složte s hlávkovým salátem, ovocem a nakrájeným vejcem.

Dochuťte smetanovou omáčkou, citronovou šťávou, solí a pepřem.

TRIK

Aby banán neztmavl, pokapejte ho při krájení citronovou šťávou.

NICOISE SALÁT

INGREDIENCE

500 g **brambor**

500 g **rajčat**

250 g **zelených fazolek**

120 g **černých oliv**

1 **lžíce hořčice**

15 **ančoviček**

10 **lžic olivového oleje**

3 **lžíce octa**

Sůl a cukr

ZPRACOVÁVÁ SE

Brambory oloupejte a nakrájejte na stejně velké plátky a vařte je na středním plameni, aniž byste je lámali, dokud nezměknou.

Ořízněte konce a okraje fazolí. Nakrájejte je na stejné kousky a uvařte je ve velkém množství vroucí vody, dokud nezměknou. Osvěžte studenou vodou nebo ledem.

Brambory, rajčata nakrájená na osminky, fazole dejte do salátové mísy a navrch položte olivy a ančovičky.

Udělejte vinaigrette smícháním oleje s octem, hořčicí, solí a špetkou cukru. Navrch omáčka

TRIK

Ančovičky můžete nahradit dobrými konzervovanými sardinkami.

KUŘECÍ SALÁT S OVOCEM A CIDER VINAIGRETE

INGREDIENCE

1 **kuřecí prso**

80 **g modrého sýra**

4 **polévkové lžíce přírodního moštu**

10 **švestek**

3 **pipinová jablka**

3 **pomeranče**

1 **salát lollo rosso**

12 **lžic olivového oleje**

1 **polévková lžíce octa**

Sůl a pepř

ZPRACOVÁVÁ SE

Salát očistíme, vydezinfikujeme a nakrájíme na střední kousky a uložíme do ledové vody.

Kuřecí prsa vařte 15 min. Vyjměte z trouby, vychladněte a nakrájejte na proužky.

Pomeranče oloupejte a vyjměte části, vyhněte se slupce, která je zakrývá. Jablka oloupeme a nakrájíme na tyčinky.

Udělejte vinaigrette z oleje, octa, moštu, soli a pepře.

Na talíře hlávkový salát naskládejte na jablka, kuře a pomeranče, poté rozdrobte gorgonzolu a přidejte sušené švestky. Omáčka s vinaigrette.

TRIK

Pokud přidáte trochu restované baby chobotnice, získáte kompletní salát, který lze jíst jako jediné jídlo.

SALÁT Z CHOBOTNICE, KREVETY A AVOKÁDO

INGREDIENCE

1 **stehno chobotnice**

12 **vařených a oloupaných krevet**

1 **zralé avokádo**

1 **rajče**

½ **jarní cibulky**

1 **citron**

čerstvý koriandr

extra panenský olivový olej

sůl

ZPRACOVÁVÁ SE

V hrnci dejte vařit osolenou vodu. Nohu chobotnice 3x vystrašte a poté ji zcela ponořte. Snižte teplotu a vařte asi 40-45 minut. Opláchněte ve studené vodě, sceďte a osušte. Kýtu nakrájíme na plátky a ochutíme solí a pepřem.

Avokádo oloupeme, zbavíme kosti a nakrájíme na velké kostky. Cibuli nakrájíme na velmi jemné proužky julienne. Rajčata zbavte semínek a nakrájejte je na kostičky. Krevety rozpůlíme a spolu s hrstí koriandru nasekáme nadrobno.

Všechny ingredience smícháme a dochutíme citronovou šťávou, solí a olivovým olejem podle chuti.

TRIK

Vyplašit chobotnici znamená ponořit ji 3x do vroucí vody, aby byla křehká.

RAKETA S UZENOU OMÁČKOU, RŮŽÍ A OŘECHY

INGREDIENCE

150 **g očištěné rukoly**

125 **g uzeného pstruha**

100 **g uzené tresky**

100 **g uzeného lososa**

75 **g růžové omáčky (viz část Vývary a omáčky)**

25 **g ančoviček**

20 **g nasekaných vlašských ořechů**

1 **vařené vejce**

ZPRACOVÁVÁ SE

Všechny ingredience nakrájejte na tenké proužky. Smícháme s rukolou, nasekanými vlašskými ořechy a růžovou omáčkou. Podávejte a ozdobte nakrájeným vejcem natvrdo.

TRIK

Můžete použít jakýkoli salát nebo klíčky, které máte nejraději, jako je jehněčí salát, římský salát, dubový list atd.

TĚSTOVINOVÝ SALÁT S FETOU A MÁTOU

INGREDIENCE

500 **g těstovin**

250 **g fety**

½ **svazku čerstvé máty**

3 **zralá rajčata**

parmazán

vypeckované černé olivy

Redukce modenského octa

Olivový olej

ZPRACOVÁVÁ SE

Těstoviny uvaříme ve vroucí osolené vodě a jakmile jsou hotové, scedíme je a necháme vychladnout.

Mátu nakrájíme na nudličky julienne, nastrouháme cherry rajčata spolu s parmazánem a sýr feta nakrájíme na kostičky.

Těstoviny smícháme se všemi ingrediencemi, dochutíme olejem a redukcí balzamikového octa.

TRIK

Pokud chcete, přidejte hydratovaná italská sušená rajčata.

SALÁT Z KRETET, SARDEL A GRANÁTOVÉHO JABLKA

INGREDIENCE

500 g brambor

250 g loupaných krevet

200 g mrkve

1 plechovka vařeného hrášku

1 plechovka piquillových papriček

10 zelených oliv bez pecky

10 ančoviček

4 nakládané okurky

2 vařená vejce

1 granátové jablko

majonéza

ZPRACOVÁVÁ SE

Brambory a mrkev oloupeme a nakrájíme na kostičky a uvaříme je ve velkém množství osolené vody do měkka.

Krevety vařte 1 minutu, sceďte a vychladněte. Oloupejte granátové jablko.

Ančovičky, krevety, olivy, jikry, okurky a piquillo papričky nakrájíme nadrobno. Smícháme se zbytkem ingrediencí a dosolíme. Omáčku s majonézou podle chuti, promícháme a uchováme v chladu až do podávání.

TRIK

Může být doplněn nakrájenou majonézou spolu s 1 polévkovou lžící mletého kmínu.

RAKETA S Pancettou, modrým sýrem A OŘECHY

INGREDIENCE

1 sáček čerstvé rakety

150 g modrého sýra

75 g vlašských ořechů

8 plátků uzené slaniny

fíky

Ocet

Olivový olej

sůl

ZPRACOVÁVÁ SE

Slaninu nakrájíme na tenké nudličky a osmahneme ji na pánvi. Vyjměte a rezervujte. Fíky překrojte napůl a opékejte je (pouze maso) na stejné pánvi.

Sýr a vlašské ořechy nakrájíme na kostičky.

Salát spojte s rukolou, slaninou, teplými fíky a vlašskými ořechy a ozdobte vinaigrettem z oleje, octa a soli.

TRIK

Můžete vyzkoušet různé druhy komerčně dostupných octů.

SALÁT Z UZENÉHO LOSOSA, KREVET, BRAMBOR A GRANÁTOVÉHO JABLKA

INGREDIENCE

350 **g uzeného lososa**
250 **g brambor**
200 **g oloupaných krevet**
100 **g parmezánu**
1 **granátové jablko**
½ **endivie**
100 **ml olivového oleje**

ZPRACOVÁVÁ SE

Brambory pečte 20 minut nebo do změknutí. Oloupejte, nakrájejte a rezervujte.

Granátové jablko překrojte napůl a odstraňte semínka. Parmazánové vločky sceďte škrabkou na brambory.

Krevety vaříme ve vroucí osolené vodě 1 min. Vyndejte a vychladněte.

Umyjte a dezinfikujte eskarolu a nakrájejte ji na střední kousky.

Salát sestavte se základem escarole, navrch brambory, losos, krevety, granátové jablko a sýr.

Dochutíme olejem, octem, solí a pepřem.

TRIK

Aby se granátové jablko snadněji loupalo, rozřízněte ho vodorovně napůl, odříznutou část položte na vršek ruky a pomocí lžíce udeřte zvenčí.

MRKVOVÝ SALÁT S KONZERVOVANÝMI SARDINKAMI

INGREDIENCE

150 **g konzervovaných sardinek**

1 **lžíce nasekaného** čerstvého koriandru

4 **mrkve**

Šťáva z 1 citronu

Olivový olej

Sůl a pepř

ZPRACOVÁVÁ SE

Mrkev oloupeme a nakrájíme na tenké plátky. Dejte je do mísy spolu s citronovou šťávou, olejem, solí, pepřem a koriandrem. Odebrat.

Sardinky oblečte mrkvovým salátem.

TRIK

Tento salát je skvělý nahrazením citronové šťávy pomerančovou šťávou.

VALDORFSKÝ SALÁT

INGREDIENCE

200 **g celeru**

80 **ml smetany**

2 **lžíce vyloupaných vlašských ořechů**

2 **lžíce majonézy**

1 **polévková lžíce medu**

1 **jablko**

1 **hruška**

1 **citron**

Kůra z ½ citronu

Petržel

ZPRACOVÁVÁ SE

V misce smíchejte med, citronovou kůru, smetanu a majonézu. Vyjměte z trouby a nechte vychladnout.

Celer oloupeme, oloupeme a nakrájíme nadrobno. Pokapejte citronovou šťávou.

Jablko a hrušku omyjeme a nakrájíme na tenké plátky. Kombinujte plody celeru s citronem, aby neztmavly.

Nasekejte vlašské ořechy a petržel a přidejte je k ovoci a celeru. Pokapejte medovým dresinkem.

TRIK

Můžete přidat i trochu čerstvého kopru.

BRAMBOROVÝ SALÁT S KREVETOU A GRANÁTOVÝM JABLÉM

INGREDIENCE

500 **g brambor**

300 **g loupaných krevet**

3 **piquillo papričky**

1 **granátové jablko**

2 **dl majonézy**

sůl

ZPRACOVÁVÁ SE

Brambory oloupejte a nakrájejte na malé kousky. Uvaříme, osvěžíme a necháme vychladnout.

Krevety vaříme ve vroucí vodě 1 min. Vyndejte z trouby a nechte vychladnout

Piquillo papričku nakrájíme na proužky a oloupeme granátové jablko.

Vše smícháme, osolíme a omáčku s majonézou. Znovu promíchejte a uchovávejte v chladu až do podávání.

TRIK

Chcete-li salátu dodat nádech svěžesti, můžete do majonézy přidat nasekané lístky máty.

CAESARŮV SALÁT

INGREDIENCE

2 **kuřecí řízky**

100 **g majonézy**

70 **g strouhaného parmazánu**

4 **ančovičky**

1 **stroužek česneku**

1 **římský salát**

Chléb

Vejce a strouhanka (na obalování)

Olivový olej

Slanina

ZPRACOVÁVÁ SE

Smíchejte a rozmixujte majonézu, strouhaný parmezán, ančovičky a stroužek česneku. Uchovávejte v lednici (gramáž omáčky můžeme měnit podle chuti).

Kuřecí řízky obalíme v rozšlehaném vejci a strouhance. Osmažíme, nakrájíme na nudličky a dáme stranou. Chleba nakrájíme na malé čtverečky a smažíme nebo pečeme do zlatova. Rezervovat. Osmažte slaninu nakrájenou na nudličky. Rezervovat.

Na dno mísy dejte julienned salát a na něj položte kuřecí nudličky, krutony, omáčku, strouhaný sýr a slaninu.

TRIK
Sladký nádech mu můžete dodat přidáním datlí nebo jablka.

PIPIRRANA MURCIANO

INGREDIENCE

2 rajčata

2 stroužky česneku

3 lžíce octa

1 velký italský zelený pepř

1 cibule

1 okurka

9 lžic olivového oleje

sůl

ZPRACOVÁVÁ SE

Rajčata, papriku omyjeme a okurku, česnek a cibuli oloupeme. Vše nakrájejte na středně velké stejně velké kousky.

Připravte si vinaigrette smícháním oleje, octa a soli. Ozdobte salát vinaigrette a promíchejte. Podávejte velmi studené.

TRIK

Pokud cibule velmi svědí, nakrájejte ji a vložte na 2 hodiny do ledové vody. Ztratíte svědění.

RAKETA S MANGOM, KUŘETEM A PISTÁCÍ

INGREDIENCE

250 **g očištěné rukoly**

30 **g pistácií**

4 **zelený chřest**

2 **kuřecí prsa**

2 **manga**

Ocet

Olivový olej

Sůl a pepř

ZPRACOVÁVÁ SE

Naberte tenké proužky chřestu pomocí škrabky na brambory. Prsa vaříme 5 minut, necháme vychladnout a nakrájíme na nudličky. Mango oloupeme a nakrájíme na kostičky a chřest lehce orestujeme.

Smíchejte rukolu, mango, proužky kuřete a kousky chřestu a loupaných pistácií.

Omáčku s vinaigrettem z oleje, octa, soli a pepře.

TRIK

Poměry vinaigret jsou obvykle 3 díly oleje na 1 ocet, sůl a pepř.

JULIANNE POLÉVKA

INGREDIENCE

250 g zelí

250 g pórku

100 g mrkve

75 g tuřínu

50 g másla

1 ½ litru bílého kuřecího vývaru

1 stonek celeru

sůl

ZPRACOVÁVÁ SE

Zeleninu oloupeme, nakrájíme na nudličky julienne a na másle ji v zakryté nádobě zvolna vaříme 20 minut.

Zalijte vývarem, povařte dalších 5 minut a podle chuti dosolte.

TRIK

Jako přílohu přidejte toustový chléb a trochu pesta.

ČESNEK BÍLÝ MALAGUENO

INGREDIENCE

250 **g strouhanky (namočené ve studené vodě)**

100 **g surových mandlí**

3 **stroužky česneku**

Ocet

2 **dl olivového oleje**

sůl

ZPRACOVÁVÁ SE

Mandle velmi dobře umelte s trochou studené vody. Přidejte namočený chléb a znovu dobře promíchejte. Přidejte olej, aniž byste přestali šlehat.

Nalijte asi 1 ½ **litru vody**, dokud nezískáte požadovanou konzistenci. Propasírujte přes sítko nebo chinois a dochuťte octem a solí.

TRIK

Mandle lze nahradit jakýmkoli jiným sušeným ovocem. Doplňte proužky uzeného lososa a hrozny.

KRÉM Z PEČENÉ ČERVENÉ PAPRICE

INGREDIENCE

1 **kg červené papriky**

1 **litr kuřecího vývaru**

200 **ml smetany**

4 **stroužky česneku**

2 **velké brambory**

2 **pórky**

Olivový olej

Sůl a pepř

ZPRACOVÁVÁ SE

Papriky potřete olejem a česnek zabalte do alobalu. Pečte 1 hodinu při 160 °C. Nechte je vypotit a oloupat.

Pórek oloupeme, nakrájíme a pod pokličkou zvolna restujeme 20 minut. Přidejte papriky a česnek.

Přidejte oloupané a na čtvrtky nakrájené brambory. Zalijeme vývarem a na mírném ohni vaříme 30 minut. Zalijeme smetanou a vaříme dalších 5 minut. Rozmixujte, sceďte a dochuťte solí a pepřem.

TRIK

Vypotit papriku znamená přikrýt ji látkou, přilnavou fólií, igelitem apod., aby se z ní vytvořené páry snadno odlupovala slupka, a proto ji mnohem lépe oloupete.

KRAB BISKET

INGREDIENCE

500 g zralých rajčat

500 g krevet

100 g másla

100 g cibule

100 g mrkve

100 g pórku

75 g rýže

1 litr rybího vývaru

2 dl bílého vína

1 dl brandy

1 lžička pálivé papriky

1 snítka tymiánu

Sůl a pepř

ZPRACOVÁVÁ SE

Nakrájenou zeleninu orestujeme na másle. Přidejte papriku a osmahněte.

Bokem orestujeme kraby a flambujeme brandy. Ocasy si rezervujte a jatečně upravená těla rozmělněte kouřem. Sceďte 2x až 3x, dokud nezůstane skořápka.

Do zeleninového kastrolu přidejte kouř, víno, nakrájená rajčata a tymián. Přidejte rýži, vařte 40 minut a promíchejte.

TRIK

Kraby lze nahradit jakýmikoli měkkýši, pokud nemají tvrdou skořápku. Je to lahodný krém.

KONZUMACE KUŘECÍHO S JABLKEM

INGREDIENCE

4 kuřecí jatečně upravená těla

2 stonky celeru

2 jablka

1 mrkev

1 jarní cibulka

1 pórek

1 rajče

sůl

ZPRACOVÁVÁ SE

Kuřecí korpus, celer, mrkev, jarní cibulku, pórek a rajče vaříme 2 hodiny ve studené vodě. Sceďte, nechte vychladnout a odmastěte. Rezervovat.

Jablko oloupeme, nakrájíme najemno a vaříme v odloženém vývaru 20 minut.

Scedíme a dochutíme solí.

TRIK

Chcete-li získat průhlednou konzistenci, vždy vařte pomalu. Poté zmrazit. Rozmrazte na sítu a velmi jemném porcelánu a přidejte 3 plátky želatiny.

ANTEQUERA CÍL

INGREDIENCE

1 **kg rajčat**

500 **g chleba**

100 **g drceného tuňáka**

2 **stroužky česneku**

1 **červená paprika**

Ocet

100 **ml olivového oleje**

sůl

ZPRACOVÁVÁ SE

Rajčata, papriku, chléb a česnek nakrájíme na střední kousky. Vše smícháme kromě oleje a octa.

Protáhněte chinois a po troškách a bez přestání přidávejte olej. Dochutíme solí a octem.

Podávejte a doplňte nadrobeným tuňákem nahoře.

TRIK

Je velmi podobný salmorejo, ale s mnohem hustší texturou.

KRÉM SAINT-GERMAIN

INGREDIENCE

500 **g brambor**

500 **g očištěného hrášku**

90 **g másla**

1 1/2 **litru kuřecího vývaru**

1 **velký pórek**

100 **ml mléka**

sůl

ZPRACOVÁVÁ SE

Oloupejte a nakrájejte pórek na nudličky julienne. Přikryté pomalu vařte 15 min. Přidejte oloupané a rozdělené brambory a vývar. Pečte dalších 15 minut.

Přidejte hrášek a vařte dalších 15 minut. Rozmixujte, přefiltrujte a nalijte mléko. Vařte dalších 5 minut a dochuťte solí.

TRIK

Před mletím přidejte 6 lístků máty. Nádherné.

POLÉVKA S COOKIE A KRETETAMI

INGREDIENCE

250 g škeblí

150 g krevet

150 g nudlí

1 litr rybího vývaru

1 sklenka bílého vína

3 stroužky česneku

1 bobkový list

1 chilli

sladká paprika

Petržel

Olivový olej

sůl

ZPRACOVÁVÁ SE

Česnek nasekáme nadrobno a orestujeme spolu s chilli. Přidejte papriku a opékejte 5 sekund. Zalijeme bílým vínem a necháme téměř úplně odpařit. Přidejte vývar.

Přidejte nudle. Minutu před odstavením z plotny, aby byly tagliatelle měkké, přidejte očištěné škeble a vyloupané krevety. Posypeme nasekanou petrželkou.

TRIK

Škeble dobře proplachujte po dobu 2 hodin ve studené vodě s velkým množstvím soli, abyste vypudili nečistoty a písek.

KASTILSKÝ CIZRNOVÝ KRÉM

INGREDIENCE

375 g brambor

125 g cizrny

125 g pórku

125 g rajčat

2 litry kuřecího vývaru

1 litr mléka

Sůl a pepř

ZPRACOVÁVÁ SE

Cizrnu omyjte a namočte do teplé vody 12 hodin předem.

Zahřejte s vývarem a přidejte cizrnu. Vařte do měkka.

Přidejte pórek, rajčata a brambory. Nalijte mléko a vařte 30 minut. Rozdrťte, přefiltrujte a dochuťte solí a pepřem.

TRIK

Dá se udělat s jakoukoliv zeleninou. Krém je stejně lahodný.

RYBÍ POLÉVKA

INGREDIENCE

200 **g mořského ďasa**

200 **g štikozubce**

200 **g krevet**

50 **g rýže**

1 ½ **l rybího vývaru** (viz část Vývary a omáčky)

1 **zelená paprika**

1 **červená paprika**

1 **rajče**

1 **cibule**

Olivový olej

Sůl a pepř

ZPRACOVÁVÁ SE

Cibuli a papriku nakrájíme na velmi malé kousky a necháme 15 minut pomalu oschnout.

Zvyšte teplotu a přidejte nastrouhaná rajčata. Vařte, dokud neztratí veškerou vodu.

Přidejte rýži a páru a vařte 16 minut. Přidejte kousky štikozubce a ďasa nakrájeného na střední kostky. Dochutíme solí a přidáme oloupané krevety. Vařte další 2 minuty a podávejte.

TRIK

Do omáčky přidáme 100 g fenyklu. Dodává mu vynikající chuť anýzu.

KRÉM Z TRESKY

INGREDIENCE

1 **kg brambor**

200 **g odsolené tresky**

100 **ml bílého vína**

3 **střední pórky**

2 **mrkve**

1 **bobkový list**

1 **velká cibule**

Olivový olej

Sůl a pepř

ZPRACOVÁVÁ SE

Cibuli oloupeme a čistý pórek nakrájíme na tenké plátky. Vařte pomalu asi 20 minut s přikrytou pánví.

Mezitím vařte tresku v 1 litru studené vody po dobu 5 minut. Nechte si vodu na vaření, vyjměte tresku, rozdrobte ji a odstraňte kosti.

Brambory a mrkev nakrájejte na střední kousky a přidejte je do hrnce, když je pórek uvařený. Brambory trochu opečte, zvyšte plamen a přidejte bílé víno. Necháme zredukovat.

Dušené maso podlijeme vodou z tresky, přidáme bobkový list a vaříme, dokud brambory a mrkev nezměknou. Přidejte tresku a vařte ještě 1 minutu. Vyjměte bobkový list, rozmačkejte ho a sceďte. Dochuťte solí a pepřem.

TRIK

Treska může být nahrazena štikozubcem. Před zalitím vývarem přidejte 1 polévkovou lžíci sladké papriky.

BROKOLIKOVÝ KRÉM S OPEČENOU SLANINOU

INGREDIENCE

150 g slaniny

1 litr kuřecího vývaru

125 ml smetany

2 stonky brokolice

2 čisté pórky

2 velké brambory

Olivový olej

Sůl a pepř

ZPRACOVÁVÁ SE

Pórek oloupeme, nakrájíme nadrobno a osmahneme na mírném ohni a přikryté 20 minut. Přidejte očištěnou brokolici nakrájenou na růžičky a vařte dalších 5 minut.

Přidejte oloupané a na čtvrtky nakrájené brambory. Zalijeme vývarem a zvolna vaříme 20 minut. Zalijeme smetanou a vaříme dalších 10 min. Rozmixujte, sceďte a dochuťte solí a pepřem.

Samostatně na pánvi osmahněte na kostičky nakrájenou slaninu a podávejte na smetaně.

TRIK

Aby brokolice nevoněla tak silně, přidejte během vaření 2 lžíce octa.

MANCHEGO GAZPACHO

INGREDIENCE

300 **g strouhanky**

2 **lžíce octa**

1 **lžíce čerstvé petrželky**

1 **vařené vejce**

1 **stroužek česneku**

1 **jarní cibulka**

¾ **dl olivového oleje**

sůl

ZPRACOVÁVÁ SE

Strouhanku, jarní cibulku, natvrdo uvařené vejce, česnek a petrželku rozdrťte spolu s olejem a octem.

Scedíme a dochutíme solí. V případě potřeby přidejte trochu vody.

TRIK

Ideální je udělat toto gazpacho v hmoždíři, dokud se nestane pastou a poté přidat tekutiny.

CUKETOVÝ KRÉM

INGREDIENCE

1 **kg cukety**

1 **litr kuřecího vývaru**

2 **čisté pórky**

2 **velké brambory**

Olivový olej

Sůl a pepř

ZPRACOVÁVÁ SE

Pórek oloupeme, nakrájíme nadrobno a osmahneme na mírném ohni a přikryté 20 minut. Přidejte oloupané a nakrájené cukety. Smažte dalších 5 minut.

Přidejte oloupané a na čtvrtky nakrájené brambory. Vlhká vývarem. Vařte na mírném ohni 30 minut. Rozmixujte, sceďte a dochuťte solí a pepřem.

TRIK

Pro hladkou texturu přidejte na kaši 1 sýr na osobu.

KASTILÁNSKÁ POLÉVKA

INGREDIENCE

100 **g šunky serrano**

150 **g chleba**

1 ½ **l hovězího (nebo kuřecího) vývaru.**

1 **lžíce papriky**

5 **stroužků česneku**

6 **vajec**

Olivový olej

sůl

ZPRACOVÁVÁ SE

Pomalu orestujte česnek nakrájený na kostičky spolu se šunkou julienne nakrájenou bez zhnědnutí.

Přidejte nakrájený chléb a míchejte 5 minut. Sundejte z plotny a přidejte papriku. Rychle mícháme, aby se nepřipálilo.

Dáme zpět na oheň a zalijeme vývarem. Vařte 5 minut, osolte a přidejte rozkvedlaná vejce.

TRIK

Skvělý způsob, jak využít zbytky uvařené polévky, je použít ji jako vývar do této polévky.

DÝŇOVÝ KRÉM

INGREDIENCE

500 **g loupané dýně**

1 **litr kuřecího vývaru**

3 **mrkve**

2 **oloupané brambory**

1 **velké rajče**

1 **velký pórek**

1 **stroužek česneku**

1 **cibule**

Sůl a pepř

ZPRACOVÁVÁ SE

Zeleninu omyjeme a nakrájíme nadrobno. Dýni, mrkev, pórek, česnek a cibuli opékejte na středním plameni po dobu 30 minut.

Přidejte na čtvrtky nakrájené rajče a oloupané a na kostičky nakrájené brambory.

Zalijte vývarem a vařte 45 minut na středním plameni. Rozmixujte, sceďte a dochuťte solí a pepřem.

TRIK

Podávejte s několika kostkami pomerančového želé. Úžasný.

KRÉM Z ZELENÉHO CHŘESTU S UZENÝM LOSOSEM

INGREDIENCE

250 **ml kuřecího vývaru**

100 **dl smetany**

4 **plátky uzeného lososa**

3 **svazky zeleného chřestu**

2 **pórky**

2 **brambory**

½ **celeru**

Olej

Sůl a pepř

ZPRACOVÁVÁ SE

Chřest, pórek, celer očistíme a nakrájíme na malé kousky. Vařte pomalu 25 min.

Přidejte oloupané a na čtvrtky nakrájené brambory. Zalijeme vývarem a smetanou. Pečeme 25 min. Rozmixujte, sceďte a dochuťte solí a pepřem.

Doplňte uzeným lososem nakrájeným na nudličky.

TRIK
Tento krém lze užívat teplý i studený.

ŠPENÁTOVÝ KRÉM S LEPIEM Z KONZERVY

INGREDIENCE

1 **kg špenátu**

1 **litr kuřecího vývaru**

1 **sklenice suchého vermutu**

2 **velké brambory**

2 **pórky**

1 **plechovka škeblí**

1 **plátek želatiny**

Olivový olej

Sůl a pepř

ZPRACOVÁVÁ SE

Pórek oloupeme, nakrájíme a pod pokličkou zvolna restujeme 20 minut. Zapracujte špenát, očištěný a nakrájený na malé kousky a vařte dalších 5 minut.

Přidejte oloupané a na čtvrtky nakrájené brambory. Zalijte vermutem a nechte zcela zredukovat. Zalijeme vývarem a na mírném ohni vaříme 30 minut. Rozmixujte, sceďte a dochuťte solí a pepřem. Rezervovat.

Vyjměte škeble z plechovky a zarezervujte si jejich tekutinu. Tekutinu mírně zahřejte.

Přidejte želatinu předem hydratovanou ve studené vodě do horkého vývaru ze škeblí a míchejte, dokud se nerozpustí. Skladujte v chladu na tácu, abyste získali tloušťku ½ cm.

Želé nakrájejte na malá kolečka. Špenátový krém podávejte vlažný a na něj položte škeble a navrch želé.

TRIK

Chuť škeblí je zvýrazněna mírným rozpuštěním želatiny.

ANDALUSKÉ GAZPACHO

INGREDIENCE

1 **kg rajčat**

250 **g zelené papriky**

250 **g okurek**

1 **stroužek česneku**

½ **cibule**

Ocet

2 **dl olivového oleje**

sůl

ZPRACOVÁVÁ SE

Zeleninu dobře omyjte a nakrájejte na střední kousky.

Všechny ingredience, kromě octa a oleje, dobře promíchejte, dokud nezískáte hladkou směs. Přefiltrujte pomocí chinois a za stálého šlehání přidejte olej. Podle chuti přidejte ocet.

TRIK

Během mletí můžete přidat 100 g chleba, 1 sklenici vody a asi 8 zrnek kmínu.

FAZOLOVÝ A PAPRIKOVÝ KRÉM SE ŠUNKOU SŮL

INGREDIENCE

450 g zelených fazolek

250 g brambor

100 g nakrájené šunky serrano

1 litr kuřecího vývaru

1 lžíce papriky

1 šunková kost

1 pórek

Olivový olej

Sůl a pepř

ZPRACOVÁVÁ SE

Z fazolí odstraňte konce a boční provázky a nakrájejte je na malé kousky. Pórek nakrájíme na plátky.

Pórek a fazole pomalu vařte 25 minut. Přidáme očištěné, oloupané a na čtvrtky nakrájené brambory. Přidejte papriku, restujte 5 sekund a zalijte vývarem. Přidejte šunku a vařte 30 minut.

Vyjmeme kost, rozmačkáme, scedíme a dochutíme solí a pepřem (mělo by být lehce mdlé).

Umístěte šunku Serrano do mikrovlnné trouby na kuchyňský papír na 2 minuty. Nechte vyschnout v mikrovlnce a protáhněte hmoždířem, dokud nezískáte slanou konzistenci. Smetanu podávejte se šunkovou solí.

TRIK
Je ideální jak na léto, tak na zimu, protože se dá vzít za tepla i za studena.

MELOUNOVÝ KRÉM SE ŠUNKOU A BRAMBOREM

INGREDIENCE

500 g kuřecího vývaru

125 g smetany

1 přírodní jogurt (volitelné)

1 velká cibule

1 meloun

syrová šunka

Olivový olej

Sůl a pepř

ZPRACOVÁVÁ SE

Osmažte cibuli nakrájenou na nudličky julienne, aniž by zhnědla. Zalijeme vývarem a přidáme nakrájený meloun zbavený semínek a oloupaný. Pečeme 25 min.

Smícháme s jogurtem a smetanou. Scedíme a necháme vychladnout. Dejte sůl a pepř. Vrch ozdobíme plátkem šunky.

TRIK

Může být také vyroben s vodním melounem a různými druhy melounu, abyste získali jinou chuť.

BRAMBOROVÝ KRÉM S CHORIZEM

INGREDIENCE

2 velké brambory

1 lžička papriky

1 lžička chorizo pepře (nebo ñora)

2 stroužky česneku

1 asturské chorizo

1 zelená paprika

1 bobkový list

1 cibule

Olivový olej

sůl

ZPRACOVÁVÁ SE

Na troše oleje opékejte 2 minuty nasekaný česnek. Přidejte cibuli a papriku nakrájenou na tenké proužky. Smažte 20 minut na středně mírném ohni a poté přidejte dužinu z chorizo papriky.

Přidejte nakrájené chorizo a restujte 5 minut. Přidejte oloupané brambory a kachladu a za stálého míchání vařte 10 minut. Sůl.

Přidáme papriku a podlijeme vodou. Pomalu vařte spolu s bobkovým listem, dokud nejsou brambory rozvařené. Odstraňte bobkový list, rozdrťte a přefiltrujte.

TRIK

Je to perfektní smetana k využití zbytků některých brambor Rioja.

KONFERENCE KRÉM Z HRUŠEK A BRAMBOR

INGREDIENCE

225 g pórku

125 g brambor

1 litr zeleninového vývaru

2 lžíce másla

2 hrušky bez slupky

12 vláken šafránu

sůl a černý pepř

ZPRACOVÁVÁ SE

Na másle zvolna orestujeme očištěný a oloupaný pórek a na kostičky nakrájené brambory.

Když je zelenina hotová, přidejte hrušky, vývar a opečený šafrán. Vařte 20 minut, promíchejte a přefiltrujte. Může být podáván teplý i studený.

TRIK

Tento krém může být doplněn kostkami jakéhokoli druhu sýra.

KRÉM Z PORKU

INGREDIENCE

500 g bílého pórku

500 g brambor

150 g smetany

100 g másla

1 ½ kuřecího vývaru

sůl a bílý pepř

ZPRACOVÁVÁ SE

Oloupejte a nakrájejte pórek na nudličky julienne. Zvolna vaříme zakryté na másle. Přidáme oloupané a na kostičky nakrájené brambory a zalijeme vývarem. Vařte do měkka.

Promícháme a vaříme 5 minut na mírném ohni spolu se smetanou. Dochuťte solí a pepřem.

TRIK

Vichyssoise je studený pórkový krém. Může být doprovázena pstruhovými jikrami.

HUBOVÝ KRÉM A VLOČKY PARMEZÁNU

INGREDIENCE

1 **kg hub**

½ **litru kuřecího vývaru**

¼ **litru smetany**

1 **cibule**

1 **pórek (bílá část)**

4 **stroužky česneku**

Nasekaná petržel

parmazánové vločky

Olivový olej

Sůl a pepř

ZPRACOVÁVÁ SE

Pomalu orestujeme nakrájenou cibuli, pórek a česnek. Zvyšte teplotu, přidejte očištěné houby nakrájené na nudličky julienne a dále opékejte.

Zalijeme vývarem a dochutíme solí a pepřem. Promícháme, přefiltrujeme a se smetanou povaříme dalších 5 minut.

Podávejte s nasekanou petrželkou a parmazánem.

TRIK

Osušte pár plátků šunky Serrano v mikrovlnné troubě, rozdrťte je na prášek a přidejte navrch.

RAJSKÁ POLÉVKA

INGREDIENCE

1 **kg zralých rajčat**
½ **litru kuřecího vývaru**
125 **ml tekutého krému**
125 **ml bílého vína**
2 **stroužky česneku**
2 **jarní cibulky**
cukr
Olivový olej
sůl

ZPRACOVÁVÁ SE

Jarní cibulku a česnek nakrájené na malé kousky pomalu opékejte do měkka.

Přidejte rajčata nakrájená na malé kousky a 10 minut restujte. Zalijeme vínem a necháme téměř úplně zredukovat.

Zalijte vývarem a vařte 25 minut na středním plameni. Rozdrťte, filtrujte a upravte sůl a cukr. Ozdobte tekutým krémem.

TRIK

Doplňte opraženými plátky mandlí a lístky čerstvé bazalky nakrájenými na nudličky julienne.

STUDENÝ MELOUNOVÝ KRÉM

INGREDIENCE

½ melounu, oloupaného a zbaveného semínek

250 ml kuřecího vývaru

200 ml smetany

1 pórek

1 bílý jogurt

serrano šunka

Olivový olej

Sůl a pepř

ZPRACOVÁVÁ SE

Oloupejte a nakrájejte pórek. Přikryté pomalu vařte 15 min.

Přidejte meloun, vývar a smetanu. Vařte 5 minut a nechte vychladnout. Přidejte jogurt, promíchejte, okořeňte a přefiltrujte.

Tento krém doplňte kousky šunky Serrano.

TRIK

Chcete-li tomuto krému dodat nádech svěžesti, přidejte během mletí několik lístků máty.

KRÉM Z ŘEPY

INGREDIENCE

300 **g vařené řepy**

75 **g másla**

½ **litru kuřecího vývaru**

2 **pórky**

1 **cibule fenyklu**

1 **stonek celeru**

1 **cibule**

1 **mrkev**

tymián

Krém

sůl

ZPRACOVÁVÁ SE

Cibuli, pórek, celer, fenykl a mrkev oloupeme, oloupeme a nakrájíme nadrobno. Smažte na másle 2 minuty na mírném ohni.

Zalijeme vývarem, přidáme tymián a vaříme dalších 15 minut. Přidejte řepu a vařte dalších 5 minut. Smíchejte, přefiltrujte a přidejte sůl.

TRIK

Tento krém lze jíst teplý i studený.

KRÉM NA PARMENT

INGREDIENCE

375 **g pórku**

750 **g brambor**

75 **g másla**

750 **ml kuřecího vývaru**

250 **ml mléka**

sůl a bílý pepř

ZPRACOVÁVÁ SE

Pórek nakrájíme na tenké plátky a přikryté zvolna vaříme na másle 20 minut.

Přidáme na kostičky nakrájené brambory a zalijeme vývarem. Pečte asi 30 minut nebo dokud brambory nezměknou.

Promícháme a znovu pomalu zahříváme dalších 5 minut spolu s mlékem. Scedíme a dochutíme solí a pepřem.

TRIK

Na tento krém použijte fialové brambory. Je to úžasná a chutná barva.

KRÉMOVÉ škeble

INGREDIENCE

500 g škeblí

100 g slaniny

10 g mouky

3 dl mléka

1 ½ dl smetany

2 rajčata

2 střední brambory

1 stonek celeru

1 malá jarní cibulka

1 ½ dl olivového oleje

Sůl a pepř

ZPRACOVÁVÁ SE

Škeble proplachujte ve studené vodě s velkým množstvím soli po dobu 2 hodin.

Škeble otevřete v hrnci s trochou vody a soli. Po otevření odstavte vodu z vaření a maso ze škeblí.

Na pánvi opečte slaninu do křupava. Odebrat a rezervovat. Na stejném oleji pomalu osmahněte cibuli nakrájenou na malé kousky a celer, očištěný a bez nití nakrájený na střední kousky.

Přidejte mouku a za stálého míchání vařte 3 minuty. Přidejte mléko, vodu z vaření ze škeblí a smetanu. Vyjměte z trouby a přidejte brambory nakrájené na střední kousky. Pomalu dusíme, dokud nejsou brambory uvařené. Dochuťte solí, pepřem a přidejte pár kostek rajčat bez slupky a semínek a maso ze škeblí.

TRIK

Můžete to udělat s konzervovanými škeblemi a použít vývar z plechovky.

ČOKOLÁDOVÝ KRÁLÍK S PRAŽENÝMI MANDLEMI

INGREDIENCE

1 králík

60 g nastrouhané hořké čokolády

1 sklenice červeného vína

1 snítka tymiánu

1 snítka rozmarýnu

1 bobkový list

2 mrkve

2 stroužky česneku

1 cibule

Kuřecí vývar (nebo voda)

Opékané mandle

extra panenský olivový olej

Sůl a pepř

ZPRACOVÁVÁ SE

Nakrájejte, okořeňte a orestujte králíka na velmi rozpálené pánvi. Odebrat a rezervovat.

Na stejném oleji osmahneme na mírném ohni cibuli, mrkev a stroužky česneku nakrájené na malé kousky.

Přidejte bobkový list a snítky tymiánu a rozmarýnu. Přidejte víno a vývar a vařte na mírném ohni 40 minut. Dochutíme solí a králíka vyjmeme.

Omáčku rozmixujte v mixéru a vraťte do hrnce. Přidejte králíka a čokoládu a míchejte, dokud se nerozpustí. Vařte dalších 5 minut, aby se chutě propojily.

TRIK

Navrch dejte opražené mandle. Přidáním kajenského pepře nebo chilli papriček získá pikantní nádech.

CRIADILLA JEHNĚČÍ CLEBA S BYLINKAMI JEMNÁ

INGREDIENCE

12 jednotek jehněčího crídillas

1 lžička čerstvého rozmarýnu

1 lžička čerstvého tymiánu

1 lžička čerstvé petrželky

Mouka, vejce a strouhanka (na obalování)

Olivový olej

Sůl a pepř

ZPRACOVÁVÁ SE

Vyčistěte crídillas odstraněním dvou membrán, které je obklopují. Dobře omyjte vodou a trochou octa, poté sceďte a osušte.

Nakrájejte a okořeňte crídillas. Smíchejte trochu strouhanky s jemně nasekanými čerstvými bylinkami. Promícháme s moukou, vejcem a strouhankou a smažíme na rozpáleném oleji.

TRIK

Zábavnější a kreativnější těsto lze připravit nahrazením strouhanky drcenými sušenkami.

Milánský eskalop

INGREDIENCE

4 telecí filé

150 g strouhanky

100 g parmezánu

2 vejce

Mouka

Olivový olej

Sůl a pepř

ZPRACOVÁVÁ SE

Filety osolíme a pomoučíme, namáčíme v rozšlehaném vejci a ve směsi chleba a strouhaného parmazánu.

Dobře přitlačíme, aby se strouhanka dobře přichytila a smažíme na rozpáleném oleji.

TRIK

Perfektní příloha k tomuto pokrmu jsou špagety s rajčatovou omáčkou.

DUŠENÝ MAS V LA JARDINERA

INGREDIENCE

1 kg stopky masa

100 g hub

1 sklenice červeného vína

3 lžíce smažených rajčat

1 snítka tymiánu

1 snítka rozmarýnu

1 bobkový list

2 mrkve

1 cibule

2 hřebíčky

1 plechovka hrášku

Hovězí vývar (nebo voda)

Olivový olej

Sůl a pepř

ZPRACOVÁVÁ SE

Maso nakrájejte, okořeňte a opečte na prudkém ohni. Vyjměte a rezervujte.

Na stejném oleji osmahneme cibuli a na kostičky nakrájenou mrkev. Znovu přidáme maso a zalijeme červeným vínem. Necháme zredukovat a přidáme osmažené rajče, bobkový list, hřebíček a snítky tymiánu a rozmarýnu.

Podlijeme vývarem a vaříme, dokud maso nezměkne. Těsně před koncem vaření přidáme hrášek a na čtvrtky orestované žampiony.

TRIK

Přidání tyčinky skořice během vaření dodá guláši překvapivý šmrnc.

FLAMENCO

INGREDIENCE

8 steaků ze šunky nebo vepřové panenky

8 plátků šunky serrano

8 plátků sýra

Mouka, vejce a strouhanka (na obalování)

Olivový olej

Sůl a pepř

ZPRACOVÁVÁ SE

Filety okoříme a osušíme. Naplňte plátkem šunky a dalším sýrem a srolujte na sebe.

Promícháme s moukou, rozšlehaným vejcem a strouhankou a smažíme na rozpáleném oleji.

TRIK

Pro zábavnější zpestření můžete strouhanku nahradit nakrájenými cereáliemi nebo kiko.

TELECÍ FRICANDO

INGREDIENCE

1 kg hovězího filé

300 g hub

250 cl masového vývaru

125 cl brandy

3 rajčata

1 cibule

1 svazek aromatických bylinek (tymián, rozmarýn, vavřín...)

1 mrkev

Mouka

Olivový olej

Sůl a pepř

ZPRACOVÁVÁ SE

Maso okoříníme a pomoučujeme. Osmahneme na troše oleje na středním plameni a vyjmeme.

Mrkev a cibuli nakrájené na malé kousky orestujte na stejném oleji, na kterém byly filety. Když jsou měkké, přidejte nastrouhaná rajčata. Dobře vařte, dokud rajčata neztratí veškerou vodu.

Zvyšte teplotu a přidejte houby. Vařte 2 minuty a poté ponořte do brandy. Necháme odpařit a znovu přidáme mušle.

Podlijeme vývarem a přidáme aromatické bylinky. Dochuťte solí a vařte 30 minut na mírném ohni nebo dokud maso nezměkne. Necháme přikryté stát dalších 30 min.

TRIK

Pokud není houbová sezóna, můžete použít dehydratované. Chuť je úžasná.

KAŠE S CHORIZEM A KLOBÁSEM

INGREDIENCE

10 čerstvých klobás

2 klobásy

4 vrchovaté polévkové lžíce mouky z tvrdé pšenice

1 lžíce papriky

1 vepřová játra

1 hlava česneku

2 dl olivového oleje

sůl

ZPRACOVÁVÁ SE

Chorizo a klobásy nakrájíme na kousky. Na středním plameni osmahneme s olejem. Odebrat a rezervovat.

Na stejném oleji osmahněte na kostičky nakrájená játra a polovinu česneku. Sceďte a roztlučte v hmoždíři. Rezervovat.

Na stejném oleji orestujeme zbytek nakrájeného česneku, přidáme papriku a trochu mouky.

Míchejte bez přestání, dokud mouka přestane být syrová. Přilijeme 7 dl vody a za stálého míchání vaříme. Přidejte maltovou kaši, klobásy a chorizos. Dochutíme solí a promícháme.

TRIK

Dobrou přílohou jsou jemné česnekové klíčky na grilu.

LACON S TUŘÍNEM

INGREDIENCE

1 ½ kg čerstvé plec

1 velký svazek tuřínu

3 klobásy

2 velké brambory

1 střední cibule

Paprika (sladká nebo pikantní)

Olivový olej

sůl

ZPRACOVÁVÁ SE

Vepřovou plec vaříme asi 2 hodiny ve velkém množství osolené vody a cibuli.

Když zbývá 30 minut na vaření, přidejte chorizos a tlusté brambory kešlady (nakrájené, nekrájené).

Ve vroucí vodě zvlášť vařte 10 minut vodnice. Vypusťte a rezervujte.

Lacón, chorizos, brambory a tuřín položte na talíře a posypte sladkou nebo pálivou paprikou.

TRIK

Tuřín je vhodné vařit samostatně, protože vařící voda je hořká.

TELECÍ JÁTRA V OMÁČCE Z ČERVENÉHO VÍNA

INGREDIENCE

750 g filetů z hovězích jater

100 g mouky

75 g másla

1 litr masového vývaru

400 ml červeného vína

2 velké cibule

Olivový olej

Sůl a pepř

ZPRACOVÁVÁ SE

Víno vařte, dokud nezredukuje svůj objem na polovinu.

Mezitím dejte do hrnce 1 lžíci másla a druhou mouku. Vařte na mírném ohni, dokud mouka lehce nezhnědne. Navlhčete vínem a vývarem, aniž byste přestali míchat. Vařte 15 minut, dochuťte solí a pepřem.

Játra osolíme a osolíme moukou. Osmahneme na trošce oleje z obou stran. Odebrat a rezervovat.

Na stejném oleji opékejte 25 minut nadrobno nakrájenou cibuli. Přidejte játra a omáčku. Zahřejte (nevařte) a podávejte horké.

TRIK

Červené víno můžete nahradit bílým vínem, lambruscem, cavou, sladkým vínem atd.

Dušený zajíc

INGREDIENCE

1 zajíc

1 litr masového vývaru

½ litru červeného vína

1 snítka rozmarýnu

1 snítka tymiánu

4 stroužky česneku

2 rajčata

1 velká cibule

1 mrkev

1 pórek

Olivový olej

Sůl a pepř

ZPRACOVÁVÁ SE

Zajíce nakrájíme, okoříme a osmahneme. Odebrat a rezervovat.

Česnek, cibuli, mrkev a pórek nakrájejte na malé kousky a opékejte je 20 minut na stejném oleji, na kterém se dělal zajíc.

Přidejte nastrouhaná cherry rajčata a vařte, dokud neztratí veškerou vodu. Dejte zajíce zpět.

Zalijte vínem a vývarem, přidejte aromatické bylinky a vařte na mírném ohni asi 1 hodinu, nebo dokud zajíc nezměkne.

TRIK

Zajíce nakrájeného na kousky lze macerovat 24 hodin ve víně a vývaru spolu s aromatickými bylinkami a zeleninou nakrájenou na malé kousky. Druhý den zajíce sceďte, ponechte si tekutiny a zeleninu, a vařte podle předchozích kroků.

VEPŘOVÝ HLÍČEK S BROSKVÍ

INGREDIENCE

1 kg celé vepřové panenky

1 sklenice masového vývaru

1 sáček dehydrované cibulové polévky

1 sklenice broskví v sirupu

Olivový olej

Sůl a pepř

ZPRACOVÁVÁ SE

Maso okoříme a opečeme na pánvi ze všech stran.

Přidejte broskev bez sirupu a vývar. Vařte na velmi mírném ohni 1 hodinu nebo dokud broskev téměř nezkaramelizuje. V té době přidejte sáček cibulové polévky a vařte dalších 5 minut.

Vyjměte hřbet a rozmixujte omáčku. Položte hřbet a omáčku.

TRIK

Totéž lze udělat s ananasem v sirupu a také s vepřovou panenkou, ale zkrátíme dobu vaření na polovinu.

LEAN OMÁČKA

INGREDIENCE

1 kg libového vepřového masa

1 plechovka rajčatového protlaku 800g

1 snítka čerstvého tymiánu

1 velká cibule

2 stroužky česneku

Brandy

cukr

Olivový olej

Sůl a pepř

ZPRACOVÁVÁ SE

Osolíme a osmahneme na prudkém ohni. Maso vyjmeme a dáme stranou.

Na stejném oleji orestujeme cibuli a česnek nakrájený na brunoise. Znovu přidejte libové maso a pokapejte troškou brandy.

Necháme 2 minuty redukovat, přidáme konzervu rajčat, snítku tymiánu a na mírném ohni vaříme, dokud libové maso nezměkne.

Opravte sůl a cukr a vařte dalších 5 minut.

TRIK

Můžete také orestovat dobré houby a přidat je do dušeného masa.

DUŠENÉ VEPŘOVÉ KNOFLÍKY

INGREDIENCE

4 prasečí klusáky

100 g šunky serrano

1 sklenka bílého vína

1 lžička mouky

1 lžíce papriky

4 stroužky česneku

2 rajčata

2 cibule

1 bobkový list

1 mrkev

1 kajenský pepř

Olivový olej

sůl a 10 kuliček pepře

ZPRACOVÁVÁ SE

Zamponi vařte ve studené vodě 1 minutu, jakmile se začnou vařit. Vyměňte vodu a opakujte tuto operaci 3x. Poté je vařte s 1 cibulí, mrkví, 2 stroužky česneku, bobkovým listem, kuličkami pepře a solí 2 1/2 hodiny, dokud maso lehce neodpadne od kosti. Rezervujte si vývar.

Druhou cibuli a zbytek česneku nakrájíme nadrobno. Smažte asi 10 minut spolu s nakrájenou šunkou a kajenským pepřem. Přidejte mouku a papriku.

Smažte 10 sekund a přidejte nastrouhaná cherry rajčata. Vařte, dokud neztratí veškerou vodu. Zalijte vínem a vařte na prudkém ohni, dokud nezhoustne a omáčka není téměř suchá. Odebrat. Zalijte 200 ml vývaru ze zamponi a stále míchejte, aby se nepřilepil. Vařte na mírném ohni 10 minut a dochuťte solí. Zamponi vykostíme, vložíme do omáčky a vaříme další 2 minuty.

TRIK

Nohy lze nacpat čím chcete. Stačí je zabalit do potravinářské fólie a nechat vychladnout. Pak už je stačí nakrájet na silné plátky, pomoučit, orestovat a povařit v omáčce.

DROBKY

INGREDIENCE

1 kus starého chleba

200 g klobásy

200 g šunky

4 italské zelené papriky

1 hlava česneku

ZPRACOVÁVÁ SE

Bochník nakrájejte na kostky a hydratujte vodou (neměla by být namočená).

Na velké pánvi orestujte prolisovaný neloupaný česnek a dejte stranou. Nakrájejte chorizo a šunku a také je orestujte na stejné pánvi. Odebrat a rezervovat.

Chléb opékejte na stejném oleji, v jakém se dělalo chorizo, po dobu 30 minut na mírném ohni. Míchejte, dokud se chléb nedrolí, ale není suchý. Přidejte zbytek ingrediencí a znovu promíchejte, aby se drobky promíchaly s chorizem a šunkou.

TRIK

Migy mohou být doplněny sardinkami, hroznovým vínem, smaženými vejci atd.

PLNĚNÁ VEPŘOVÁ HLÍDKA

INGREDIENCE

800 g otevřené vepřové panenky

200 g plátků šunky serrano

175 g nakrájené slaniny

90 g rozmixovaných ořechů

75 g sádla

750 ml masového vývaru

150 ml bílého vína

1 vrchovatá lžíce kukuřičného škrobu

4 vejce

Sůl a pepř

ZPRACOVÁVÁ SE

Hřbet okoření me a natřeme rozšlehaným vejcem. Naplníme plátky šunky, slaniny, vlašských ořechů a 3 na čtvrtky nakrájenými natvrdo vařenými vejci.

Uzavřeme síťkou na maso a potřeme sádlem. Na rozpálené pánvi opečeme ze všech stran. Přendejte na plech a pečte při 180 °C 30 minut. Každých 5 minut zalévejte vývarem.

Maso necháme 5 minut odpočinout z pánve.

Z pánve shromáždíme šťávu, přilijeme víno a vše znovu prohřejeme v hrnci. Přivedeme k varu a přidáme kukuřičný škrob rozředěný v troše studené vody. Dochuťte solí a pepřem.

Hřbet vyfiletujte a pokapejte omáčkou.

TRIK

Odpočinek masa je nezbytný, protože pomáhá, aby se neztratila šťáva a aby se chutě homogenizovaly.

CARBONARA TELECÍ

INGREDIENCE

8 telecích filé

500 g cibule

100 g másla

½ litru hovězího vývaru

1 láhev piva

1 bobkový list

1 snítka tymiánu

1 snítka rozmarýnu

Mouka

Olivový olej

Sůl a pepř

ZPRACOVÁVÁ SE

Filety osolte a pomoučněte. Na másle je z obou stran zlehka opečeme. Odebrat a rezervovat.

Na másle orestujte cibuli nakrájenou na jemné proužky julienne. Zakryjte pánev a vařte na mírném ohni 30 minut.

Přidejte steaky a pivo. Vařte na středním plameni, dokud není omáčka téměř suchá.

Zalijeme masovým vývarem a přidáme aromatické bylinky. Vařte na mírném ohni, dokud maso nezměkne. Dochuťte solí a nechte 20 minut odpočívat mimo plamen s přikrytou pánví.

TRIK

Pokud je maso přepečené, bude tuhé a bude se muset vařit déle, dokud znovu nezměkne. Jeho tvrdost je nejlepší kontrolovat každých 5-10 minut.

JEHNĚČÍ CHLÉB S PORCINI

INGREDIENCE

500 g jehněčího pečiva

250 g hříbků

1 sklenka vína Sherry

1 jarní cibulka

1 stroužek česneku

Petržel

Olivový olej

Sůl a pepř

ZPRACOVÁVÁ SE

Chlaďte žaludky ve velkém množství studené vody po dobu nejméně 2 hodin, vodu vyměňte 2krát nebo 3krát. Poté je uvaříme v hrnci zakryté studenou vodou. Nechte působit 10 sekund od prvního varu, vyjměte a vychladněte. Odstraňte veškerou kůži a tuk a filet.

Na rozpálené pánvi orestujte cibuli a česnek nakrájené na malé kousky. Zvyšte teplotu a přidejte osolené žaludky. Restujeme 2 minuty a přidáme očištěné a nafiletované hříbky. Vařte 2 minuty a přidejte víno. Nechte na mírném ohni redukovat asi 20 minut.

TRIK

Úspěch tohoto pokrmu spočívá v trpělivosti při čištění žaludku. Jinak budou hořké a chutnají špatně.

TELECÍ OXOBUCO S POMERANČEM

INGREDIENCE

8 ossobuco

1 litr masového vývaru

1 sklenka bílého vína

2 lžíce vinného octa

1 cibule

1 svazek aromatických bylinek (tymián, rozmarýn, vavřín...)

2 mrkve

2 hřebíčky

½ strouhaného pomeranče

Šťáva ze 2 pomerančů

šťáva z ½ citronu

1 polévková lžíce cukru

Máslo

Olivový olej

Sůl a pepř

ZPRACOVÁVÁ SE

V misce smíchejte cibuli nakrájenou na nudličky julienne, mrkev nakrájenou na malé kousky, šťávu, hřebíček, aromatické bylinky a bílé víno. Ossobuchi okořeňte a marinujte v této směsi 12 hodin. Sceďte a uchovejte tekutinu.

Maso osušíme a osmahneme na velmi vysoké teplotě v hrnci.

Na boku opečte zeleninu naloženou v oleji a přidejte ossobuchi. Vařte do měkka. Přidejte odloženou tekutinu a vařte 5 minut. Vlhká masovým vývarem. Přikryjte a vařte asi 3 hodiny nebo dokud se kost snadno nerozpadne.

Mezitím udělejte karamel z cukru a octa. Nalijte ji na omáčku. Přidejte trochu másla a pomerančovou kůru. Povařte pár minut s masem.

TRIK

Důležité je, aby hrnec, kde se ossobuco opéká, byl hodně horký, aby bylo maso mnohem šťavnatější.

VÍNNÁ KLOBÁBA

INGREDIENCE

20 čerstvých klobás

2 cibule nakrájené na nudličky julienne

½ litru bílého vína

1 polévková lžíce mouky

2 bobkové listy

Olivový olej

Sůl a pepř

ZPRACOVÁVÁ SE

Klobásky osmahněte na vysoké teplotě. Vyjměte a rezervujte.

Cibuli nakrájíme na proužky julienne a na mírném ohni je restujeme 40 minut na stejném oleji jako párky. Přidejte mouku a smažte 5 minut. Opět přidáme klobásy, zalijeme vínem a přidáme bobkové listy.

Vařte 20 minut, dokud se nevypaří všechen alkohol a dochuťte solí a pepřem.

TRIK

Vynikající verzi lze udělat přidáním lambrusca místo bílého vína.

ANGLICKÝ MEAT PIE

INGREDIENCE

800 g mletého masa

800 g brambor

2 sklenice červeného vína

1 sklenice kuřecího vývaru

4 žloutky

4 stroužky česneku

2 středně zralá rajčata

2 cibule

4 mrkve

parmazán

tymián

Origan

Olivový olej

Sůl a pepř

ZPRACOVÁVÁ SE

Brambory oloupeme, nakrájíme a uvaříme. Rezervovat. Česnek, cibuli a mrkev nastrouháme.

Maso okoříníme a osmahneme. Poté přidejte zeleninu a nechte ji dobře oschnout. Přidáme nastrouhaná cherry rajčata a orestujeme. Zalijeme vínem a necháme odpařit. Zalijeme vývarem a počkáme, až bude omáčka téměř suchá. Přidejte tymián a oregano.

Brambory protáhněte šťouchadlem na brambory, ochuťte solí, pepřem a přidejte najemno nastrouhaný parmazán a 4 žloutky.

Maso naskládejte napevno do formy a navrch položte protlak a nahrubo nastrouhaný parmazán. Pečeme při 175 ºC 20 minut.

TRIK

Může být doplněn dobrou rajčatovou omáčkou a také barbecue omáčkou.

DUŠENÉ TELECÍ KUL

INGREDIENCE

1 kolečko telecího masa

250 ml masového vývaru

250 ml bílého vína

1 snítka tymiánu

1 snítka rozmarýnu

3 stroužky česneku

2 mrkve

2 cibule

1 strouhané rajče

Olivový olej

Sůl a pepř

ZPRACOVÁVÁ SE

Kolo osolíme a opepříme, vložíme do síťky na maso a na velmi rozpálené pánvi opečeme. Odebrat a rezervovat.

Nakrájenou zeleninu opečte na stejném oleji. Jakmile jsou měkké, přidejte nastrouhané rajče a vařte, dokud neztratí veškerou vodu.

Zalijeme vínem a zredukujeme na ¼ objemu. Vložíme zpět maso a zalijeme vývarem. Přidejte aromatické bylinky.

Přikryjte a vařte 90 minut nebo dokud hovězí maso nezměkne. V polovině vaření otočte. Maso vyjmeme a omáčku rozmixujeme. Přefiltrujte a přidejte sůl.

Maso nafiletujte a kulaté filety podávejte přelité omáčkou.

TRIK

Dá se také připravit v troubě na 180ºC a v polovině pečení ji otočit.

RENE V JEREZU

INGREDIENCE

¾ kg vepřových ledvin

150 ml sherry

1 sklenici octa

1 lžíce papriky

1 zarovnaná lžíce mouky

2 stroužky česneku

1 cibule

4 lžíce olivového oleje

Sůl a pepř

ZPRACOVÁVÁ SE

Očištěné a nakrájené ledvinky namočíme na 3 hodiny do ledové vody a 1 hrnku octa. V hrnci dejte vařit vodu a otočte poklicí dnem vzhůru. Ledviny položte navrch a udržujte na ohni 10 minut, dokud neztratí tekutiny a nečistoty. Po uplynutí této doby omyjte velkým množstvím studené vody.

Cibuli a česnek nakrájíme nadrobno. Smažíme na oleji při nízké teplotě 10 min. Zvyšte teplotu a přidejte opepřené ledvinky do zlatova.

Snižte teplotu a přidejte mouku a papriku. Restujeme 1 minutu a zalijeme sherry a 1 dl vody. Vařte, dokud se veškerý alkohol neodpaří. Dochutíme solí.

TRIK

Důležité v tomto receptu je důkladná očista ledvin.

milánské ossobuco

INGREDIENCE

6 kostní dřeně

250 g mrkve

250 g cibule

¼ litru červeného vína

1 snítka tymiánu

½ hlavy česneku

1 bobkový list

1 velké zralé rajče

maso pozadí

Olivový olej

Sůl a pepř

ZPRACOVÁVÁ SE

Ossobuco okoříme a z obou stran opečeme. Odebrat a rezervovat.

Na stejném oleji orestujeme na malé kousky nakrájenou mrkev, cibuli a česnek. Dochutíme solí a přidáme nastrouhaná rajčata. Smažte na vysokém ohni, dokud neztratí veškerou vodu.

Znovu přidejte ossobuco, přidejte víno a vařte 3 minuty. Namočte vývarem, aby bylo maso pokryto. Přidejte koření a vařte, dokud se maso neoddělí od kosti. Dochutíme solí.

TRIK

Pokud je to možné, marinujte všechnu zeleninu s masem, vínem a bylinkami večer předem. Intenzita chuti bude větší.

IBERSKÉ TAJEMSTVÍ S DOMÁCÍ OMÁČKOU CHIMICHURRI

INGREDIENCE

4 iberská tajemství

2 lžíce octa

1 lžička čerstvé petrželky

1 lžička papriky

1 lžička mletého kmínu

3 lístky čerstvé bazalky

3 stroužky česneku

Šťáva z ½ malého citronu

200 ml olivového oleje

sůl

ZPRACOVÁVÁ SE

Rozdrťte oloupaný česnek, petržel, bazalku, papriku, ocet, kmín, citronovou šťávu, olej a podle chuti dosolte.

Osmažte tajemství na velmi horké pánvi po dobu 1 minuty z každé strany. Ihned podávejte a ozdobte omáčkou.

TRIK

Roztlučením ingrediencí v hmoždíři jsou kousky celistvější.

TELECÍ TUŇÁK

INGREDIENCE

1 kg kulatého hovězího masa

250 g majonézy

120 g tuňáka v konzervě, okapaný

100 ml suchého bílého vína

1 snítka petrželky

1 lžička citronové šťávy

1 stonek celeru

1 bobkový list

15 kaparů

8 ančoviček

1 cibule

1 pórek

1 mrkev

sůl

ZPRACOVÁVÁ SE

Na oheň dejte 1 ½ litru vody, přidejte oloupanou a středně velkou zeleninu nakrájenou na kostičky, sůl a víno. Přidejte maso a vařte 75 minut na mírném ohni. Nechte vychladnout ve vodě, sceďte a přikryté uložte do lednice. Poté nakrájíme na velmi tenké plátky.

Mezitím si připravte omáčku smícháním majonézy, tuňáka, kaparů, ančovičky a citronu. Promícháme a nalijeme na maso. Nechte přikryté v lednici ještě 1 hodinu odpočívat.

TRIK

Dá se to také udělat tak, že se kulaté maso vaří 90 minut v troubě.

BÝČÍ OCAS

INGREDIENCE

2 volské ocasy

2 litry masového vývaru

1 litr červeného vína

3 lžíce rajčatové omáčky

1 snítka tymiánu

1 snítka rozmarýnu

8 mrkví

4 stonky celeru

2 středně velké italské papriky

2 střední cibule

Olivový olej

Sůl a pepř

ZPRACOVÁVÁ SE

Mrkev, papriku, cibuli a celer nakrájíme na malé kousky a zeleninu dáme do kastrůlku spolu s volským ohonem. Podlijeme vínem a necháme 24 hodin macerovat. Zeleninu a oháňku sceďte a víno si rezervujte.

Okořeníme a osmahneme ocas. Vzít. Na stejném oleji s trochou soli orestujte zeleninu.

Přidejte rajčatovou omáčku, zalijte vínem a na prudkém ohni zredukujte na polovinu. Přidejte oháňku, vývar a aromatické bylinky. Vařte na mírném ohni, dokud se maso snadno neodděluje od kosti. Dochutíme solí.

TRIK

Přidáte-li do omáčky kousek másla a prošleháte, získáte velmi lesklou směs, kterou maso okořeníte.

Brownies

INGREDIENCE

150 g čokoládové polevy

150 g) Cukr

100 g másla

70 g mouky

50 g lískových ořechů

1 lžička droždí

2 vejce

sůl

ZPRACOVÁVÁ SE

Čokoládu s máslem rozpusťte v mikrovlnce. Na boku šlehejte vejce s cukrem 3 minuty.

Tyto směsi smícháme a přidáme prosátou mouku, špetku soli a prášek do pečiva. Znovu promíchejte. Nakonec přidejte lískové ořechy.

Předehřejte troubu na 180ºC. Směs nalijte do předem vymazané a moukou vysypané formy a pečte 15 minut.

TRIK

Když jsou lískové ořechy zapracované, přidejte také několik obláček cukroví překrojených na polovinu. Překvapení je zábava.

CITRONOVÝ SORBET S MÁTOU

INGREDIENCE

225 g cukru

½ litru citronové šťávy

Kůra z 1 citronu

3 bílky

8 lístků máty

ZPRACOVÁVÁ SE

Zahřívejte ½ litru vody a cukru na mírném ohni po dobu 10 minut. Přidejte lístky máty nakrájené na proužky, citronovou kůru a šťávu. Nechte vychladnout a vložte do mrazáku (nemusí být úplně zmrazené).

Z bílků ušleháme tuhý sníh a přidáme je k citronové směsi. Znovu zmrazit a podávat.

TRIK

Pokud při šlehání bílků přidáte špetku soli, budou pevnější a pevnější.

ASTURSKÁ RÝŽE S MLÉKEM

INGREDIENCE

100 g rýže

100 g cukru

100 g másla

1 litr mléka

2 žloutky

1 tyčinka skořice

Kůra z 1 citronu

Kůra z 1 pomeranče

ZPRACOVÁVÁ SE

Mléko vařte na velmi mírném ohni spolu s nastrouhanými citrusovými plody a skořicí. Když se začne vařit, přidejte rýži a občas promíchejte.

Když je rýže téměř měkká, přidejte cukr a máslo. Vařte dalších 5-10 minut.

Z ohně přidejte žloutky a promíchejte, aby byly sirupovité.

TRIK

Pro ještě úžasnější výsledek vložte během vaření 1 bobkový list.

ROZMARÝNOVÝ BANÁNOVÝ KOMPOT

INGREDIENCE

30 g másla

1 snítka rozmarýnu

2 banány

ZPRACOVÁVÁ SE

Oloupejte a nakrájejte banány.

Vložte je do hrnce, přikryjte a vařte na velmi mírném ohni spolu s máslem a rozmarýnem, dokud není banán jako kompot.

TRIK

Tento kompot slouží jako příloha jak k vepřovým řízkům, tak k čokoládovému piškotu. Během vaření můžete přidat 1 lžíci cukru, aby bylo sladší.

BRULÉOVÉ KRÉMY

INGREDIENCE

100 g hnědého cukru

100 g bílého cukru

400 cl smetany

300 cl mléka

6 žloutků

1 vanilkový lusk

ZPRACOVÁVÁ SE

Otevřete vanilkový lusk a vyjměte zrníčka.

V míse ušlehejte mléko s bílým cukrem, žloutky, smetanou a vanilkovými lusky. Touto směsí plníme jednotlivé formičky.

Předehřejte troubu na 100 °C a pečte ve vodní lázni 90 minut. Po vychladnutí posypeme hnědým cukrem a spálíme kahanem (nebo předehřejeme troubu na maximum v režimu grilu a vaříme, dokud se cukr mírně nespálí).

TRIK

Přidejte 1 polévkovou lžíci rozpustného kakaa do smetany nebo mléka pro lahodné kakaové crème brûlée.

CIKÁNSKÁ NÁRUČ NÁPLNĚNÁ KRÉMEM

INGREDIENCE

250 g čokolády

125 g cukru

½ litru smetany

Piškotový dort Soletilla (viz sekce Dezerty)

ZPRACOVÁVÁ SE

Udělejte piškot se soletillou. Naplňte šlehačkou a srolujte na sebe.

Cukr přivedeme v hrnci k varu spolu se 125 g vody. Přidáme čokoládu, necháme 3 minuty bez přerušení míchání rozpustit a roládu s ní zakryjeme. Před podáváním necháme odpočinout.

TRIK

Abyste si vychutnali ještě ucelenější a lahodnější dezert, přidejte do krému malé kousky ovoce v sirupu.

EGG FLAN

INGREDIENCE

200 g cukru

1 litr mléka

8 vajec

ZPRACOVÁVÁ SE

Vařte na mírném ohni a bez smíchání karamelu s cukrem. Když chytne opečenou barvu, sundejte z plotny. Distribuujte v jednotlivých flancích nebo v jakékoli formě.

Rozšleháme mléko a vejce, aby se nevytvořila pěna. Pokud se objeví před vložením do forem, zcela jej vyjměte.

Nalijte na karamel a vařte ve vodní lázni při 165ºC asi 45 minut nebo dokud jehla nevyjde čistá.

TRIK

Stejný recept se používá k výrobě lahodného pudinku. Stačí do těsta přidat croissanty, muffiny, sušenky... z předchozího dne.

CAVA ŽELÉ S JAHODAMI

INGREDIENCE

500 g cukru

150 g jahod

1 láhev sektu

½ balení želatinových plátků

ZPRACOVÁVÁ SE

V hrnci zahřejte cava a cukr. Želatinu předtím hydratovanou ve studené vodě odstraňte z ohně.

Podávejte ve skleničkách na Martini spolu s jahodami a uchovávejte v lednici do zhoustnutí.

TRIK

Může být také s jakýmkoli sladkým vínem a červeným ovocem.

SMAŽENÝ

INGREDIENCE

150 g mouky

30 g másla

250 ml mléka

4 vejce

1 citron

ZPRACOVÁVÁ SE

Mléko a máslo přiveďte k varu spolu s citronovou kůrou. Když se vaří, odstraňte slupku a najednou vhoďte mouku. Vypněte zdroj tepla a míchejte po dobu 30 sekund.

Dejte zpět na oheň a posuňte další minutu, dokud se těsto nepřilepí na stěny nádoby.

Těsto nalijte do mísy a po jednom přidávejte vejce (další přidávejte, až když se předchozí dobře vmísí do těsta).

S pomocí cukrářského sáčku nebo 2 lžícemi po malých porcích smažíme palačinky

TRIK

Může se plnit krémem, smetanou, čokoládou atd.

KOKA SVATÉHO JANA

INGREDIENCE

350 g mouky

100 g másla

40 g piniových oříšků

250 ml mléka

1 sáček prášku do pečiva

Kůra z 1 citronu

3 vejce

cukr

sůl

ZPRACOVÁVÁ SE

Prosejeme mouku a prášek do pečiva. Smíchejte a vytvořte sopku. Doprostřed dejte kůru, 110 g cukru, máslo, mléko, vejce a špetku soli. Dobře hněteme, dokud se těsto nelepí na ruce.

Vyválejte válečkem, dokud nezískáte tenký obdélníkový tvar. Položte je na plech s pečícím papírem a nechte 30 minut louhovat.

Kolu natřeme vajíčkem, posypeme piniovými oříšky a 1 lžící cukru. Pečeme při 200 ºC asi 25 minut.

TRIK

Nejlépe se jí za studena. Navrch před pečením naaranžujte pár kousků kandovaného ovoce. Výsledek je fantastický.

ŠÁLEK HRUŠKOVÉHO KOMPOTU S MASCARPONE

INGREDIENCE

400 g hrušek

250 g mascarpone

50 g moučkového cukru

50 g bílého cukru

1 dl rumu

½ lžičky mleté skořice

4 hřebíčky

ZPRACOVÁVÁ SE

Hrušky oloupeme a nakrájíme. Vložte je do nádoby a přidejte likér a hřebíček. Podlijeme vodou a vaříme 20 minut nebo do změknutí. Filtrujte a rozemelte.

Hruškové pyré dejte zpět na oheň s cukrem a skořicí a vařte asi 10 minut.

Na boku smícháme mascarpone s moučkovým cukrem.

Vychladlý kompot rozdělíme do 4 sklenic a poklademe sýrem.

TRIK

Do směsi mascarpone s moučkovým cukrem můžete přidat citronovou kůru a několik lžic limoncella. Výsledek je lahodný.

ČOKOLÁDOVÝ COULANT

INGREDIENCE

250 g čokoládové polevy

250 g másla

150 g) Cukr

100 g mouky

6 žloutků

5 celých vajec

Kopeček zmrzliny (volitelně)

ZPRACOVÁVÁ SE

Čokoládu a máslo rozpustíme v mikrovlnné troubě. Mezitím vyšleháme žloutky a vejce. Přidejte vejce do čokoládové směsi.

Mouku prosejeme a smícháme s cukrem. Přidejte čokoládu a vejce a prošlehejte.

Jednotlivé formičky vymažte a vysypte moukou a naplňte je předchozí směsí do ¾ jejich objemu. Uchovávejte v lednici 30 min.

Předehřejte troubu na 200 ºC a pečte alespoň 6 minut. Musí být uvnitř roztavený a venku sražený.

Podávejte horké spolu s kopečkem zmrzliny.

TRIK

Do směsi přidejte nakrájený banán a oříškový krém. potěšení

MRKVOVÝ A SÝROVÝ KOLÁČ

INGREDIENCE

360 g mouky

360 g cukru

2 lžičky prášku do pečiva

8 velkých vajec

5 velkých mrkví

1 pomeranč

Ořechy

rozinky

roztíratelný sýr

Moučkový cukr

Slunečnicový olej

ZPRACOVÁVÁ SE

Předehřejte troubu na 170ºC.

Oloupejte, nakrájejte a vařte mrkev velmi měkkou. Smíchejte s vejci, šťávou z ½ pomeranče, pomerančovou kůrou, cukrem a kapkou slunečnicového oleje.

Droždí smícháme s moukou, cukrem a propasírujeme přes síto.

Těsto spojíme s moučnou směsí. Přidejte nasekané vlašské ořechy a rozinky a dobře promíchejte.

Formu vymastíme a vysypeme moukou. Nalijte těsto a pečte 45 minut, nebo dokud vpichovaná jehla nevyjde čistá.

Necháme vychladnout a navrch položíme vrstvu sýra smíchanou s moučkovým cukrem.

TRIK

Můžete přidat i skořici, zázvor, hřebíček atd. Výsledek vás překvapí.

Katalánský krém

INGREDIENCE

200 g cukru

45 g kukuřičného škrobu

1 litr mléka

8 žloutků

1 tyčinka skořice

Kůra z 1 citronu

ZPRACOVÁVÁ SE

Téměř všechno mléko vařte na mírném ohni se skořicí a citronovou kůrou.

Mezitím bez zahřívání vyšleháme žloutky s cukrem a zbytkem mléka.

Horké mléko smícháme se žloutky a vaříme na mírném ohni. Průběžně míchejte několika tyčinkami až do prvního varu. Poté stáhněte z ohně a pokračujte ve šlehání další 2 minuty.

Podávejte v terakotových nádobách a nechte vychladnout. Při podávání posypeme cukrem a spálíme lopatou nebo kahanem.

TRIK

Mléko lze nahradit horchatou. Je tu velkolepé horchata creme brulee.

FRANCOUZSKÝ TOAST

INGREDIENCE

1 kus chleba, 3 nebo 4 dny

2 litry mléka

3 vejce

kůra z 1 citronu

skořicová tyčinka

Mletá skořice

cukr

Olivový olej

ZPRACOVÁVÁ SE

Svařte mléko se skořicí a citronovou kůrou spolu se 3 lžícemi cukru. Když se začne vařit, přikryjte a nechte 15 minut odpočívat.

Chléb nakrájíme na plátky a dáme na talíř. Přes namočený chléb přecedíme mléko.

Tousty sceďte, zalijte rozšlehaným vejcem a opečte z obou stran. Vyjmeme z oleje, scedíme a propasírujeme přes cukr a skořici.

TRIK

Na závěr můžete dochutit 1 lžící sladkého vína.

PURČINKOVÝ KRÉM

INGREDIENCE

65 g cukru

20 g kukuřičného škrobu

250 ml mléka

3 žloutky

ZPRACOVÁVÁ SE

Vařte téměř všechno mléko.

Mezitím smíchejte zbytek mléka se žloutky, cukrem a kukuřičným škrobem. Dobře promíchejte, dokud hrudky nezmizí.

Přidejte vaječnou směs do vroucího mléka. Šlehejte, dokud se nevrátí k varu a pokračujte v intenzivním šlehání dalších 15 sekund.

Sundejte z plotny a šlehejte dalších 15 sekund. Nechte vychladnout a uložte do lednice.

TRIK

Je základem nesčetných dezertů a jeho proměnných je téměř nekonečno.

Kokosová broskvová flan

INGREDIENCE

65 g strouhaného kokosu

½ litru mléka

4 lžíce cukru

4 vejce

4 půlky broskví v sirupu

1 sklenice kondenzovaného mléka

ZPRACOVÁVÁ SE

Vařte na mírném ohni a bez smíchání karamelu s cukrem. Když chytne opečenou barvu, sundejte z plotny. Rozdělte na jednotlivé flasky.

Kokos smícháme s kondenzovaným mlékem, vejci, broskví a mlékem. Nalijte na karamel a vařte 35 minut při 175ºC nebo dokud jehla nevyjde čistá.

TRIK

Do těsta přidejte pár kousků muffinů.

FOOND Z BÍLÉ ČOKOLÁDY A OVOCE

INGREDIENCE

500 g bílé čokolády

100 g lískových ořechů

¼ litru mléka

¼ litru smetany

8 jahod

2 banány

ZPRACOVÁVÁ SE

Smetanu a mléko uvaříme. Přidejte čokoládu z ohně, dokud se nerozpustí. Přidejte nasekané lískové ořechy.

Ovoce nakrájíme na pravidelné kousky a dáme do mísy spolu s čokoládovým krémem.

TRIK

Pokud to děti nebudou jíst, namočte to troškou rumu.

ČERVENÉ OVOCE VE SLADKÉM VÍNĚ S MÁTOU

INGREDIENCE

550 g červeného ovoce

50 g cukru

2 dl sladkého vína

5 lístků máty

ZPRACOVÁVÁ SE

Červené ovoce, cukr, sladké víno a lístky máty vaříme v hrnci 20 minut.

Necháme stát ve stejné nádobě do vychladnutí a podáváme v jednotlivých miskách.

TRIK

Rozdrťte a doplňte smetanovou zmrzlinou a čokoládovými sušenkami.

INTXAURSALSA (OŘECHOVÝ KRÉM)

INGREDIENCE

125 g vyloupaných vlašských ořechů

100 g cukru

1 litr mléka

1 malá tyčinka skořice

ZPRACOVÁVÁ SE

Svařte mléko se skořicí a přidejte cukr a nasekané vlašské ořechy.

Vařte na mírném ohni 2 hodiny a před podáváním nechte vychladnout.

TRIK

Měl by mít konzistenci jako rýžový nákyp.

MERENGUOVANÉ MLÉKO

INGREDIENCE

175 g cukru

1 litr mléka

kůra z 1 citronu

1 tyčinka skořice

3 nebo 4 bílky

Mletá skořice

ZPRACOVÁVÁ SE

Zahřejte mléko se skořicí a citronovou kůrou na mírném ohni, dokud se nezačne vařit. Okamžitě přidejte cukr a vařte dalších 5 minut. Rezervujte a nechte vychladit v lednici.

Když vychladne, ušleháme z bílků tuhý sníh a obklopujícími pohyby přiléváme mléko. Podávejte s mletou skořicí.

TRIK

Chcete-li získat nepřekonatelnou granitu, dejte ji stranou do mrazáku a každou hodinu ji oškrábejte vidličkou, dokud úplně nezmrzne.

KOČIČÍ JAZYKY

INGREDIENCE

350 g sypké mouky

250 g máslové masti

250 g moučkového cukru

5 bílků

1 vejce

Vanilka

sůl

ZPRACOVÁVÁ SE

Do mísy dáme máslo, moučkový cukr, špetku soli a trochu vanilkové esence. Dobře prošlehejte a přidejte vejce. Pokračujte ve šlehání a za stálého šlehání přidejte jeden po druhém bílky. Přidejte mouku najednou bez velkého míchání.

Krém si rezervujte v rukávu s hladkou tryskou a udělejte proužky asi 10 cm. Plechem klepneme o stůl, aby se těsto rozleželo a pečeme při 200ºC, dokud nejsou okraje zlatavě hnědé.

TRIK

Přidejte do těsta 1 polévkovou lžíci kokosového prášku a vytvořte různé kočičí jazýčky.

ORANŽOVÉ SUŠENKY

INGREDIENCE

220 g mouky

200 g cukru

4 vejce

1 malý pomeranč

1 na chemické kvasinky

Mletá skořice

220 g slunečnicového oleje

ZPRACOVÁVÁ SE

Vejce smícháme s cukrem, skořicí a pomerančovou kůrou a šťávou.

Přidejte olej a promíchejte. Přidejte prosátou mouku a prášek do pečiva. Tuto směs necháme 15 minut odpočinout a nalijeme do formiček na cupcaky.

Předehřejte troubu na 200 °C a pečte 15 minut, dokud nebude propečené.

TRIK

Do těsta můžete přidat čokoládové lupínky.

PEČENÁ JABLKA S PORTSKÝM

INGREDIENCE

80 g másla (na 4 kusy)

8 lžic portského

4 lžíce cukru

4 pipinová jablka

ZPRACOVÁVÁ SE

Oloupejte jablka. Naplňte cukrem a navrch dejte máslo.

Pečeme 30 minut při 175 ºC. Po uplynutí této doby posypte každé jablko 2 lžícemi portského a pečte dalších 15 minut.

TRIK

Podávejte horké s kopečkem vanilkové zmrzliny a pokapejte šťávou, kterou pustily.

VAŘENÉ PUSINKY

INGREDIENCE

400 g krupicového cukru

100 g moučkového cukru

¼ litru vaječných bílků

kapky citronové šťávy

ZPRACOVÁVÁ SE

Bílky ušlehejte ve vodní lázni s citronovou šťávou a cukrem, dokud nejsou dobře vyšlehané. Sundejte z plotny a pokračujte ve šlehání (jak se ochladí, pusinka zhoustne).

Přidejte moučkový cukr a pokračujte ve šlehání, dokud pusinky úplně nevychladnou.

TRIK

Lze jím pokrýt dorty a vyrobit ozdoby. Nepřekračujte 60 ºC, aby bílek neztuhl.

PUDINK

INGREDIENCE

170 g cukru

1 litr mléka

1 polévková lžíce kukuřičného škrobu

8 žloutků

kůra z 1 citronu

Skořice

ZPRACOVÁVÁ SE

Mléko svaříme s citronovou kůrou a polovinou cukru. Jakmile se vaří, přikryjte a nechte odpočívat mimo oheň.

Na boku vyšleháme v míse žloutky se zbytkem cukru a kukuřičným škrobem. Přidejte čtvrtinu převařeného mléka a pokračujte v míchání.

Do zbytku mléka přidáme žloutkovou směs a za stálého míchání povaříme.

Při prvním varu šlehejte 15 sekund metličkou. Odstraňte z ohně a pokračujte ve šlehání dalších 30 sekund. Scedíme a necháme vychladnout. Posypeme skořicí.

TRIK

Chcete-li připravit ochucený pudink – čokoládu, drcené sušenky, kávu, strouhaný kokos atd. – stačí zamíchat požadovanou chuť mimo oheň a dokud je horký.

FIALOVÉ CANDY PANNA COTTA

INGREDIENCE

150 g) Cukr

100 g fialových bonbónů

½ litru smetany

½ litru mléka

9 plátků želatiny

ZPRACOVÁVÁ SE

Plátky želatiny navlhčete studenou vodou.

Smetanu, mléko, cukr a karamely zahřejte v hrnci, dokud se nerozpustí.

Po odstavení z ohně přidejte želatinu a míchejte, dokud se úplně nerozpustí.

Nalijte do formiček a dejte chladit alespoň na 5 hodin.

TRIK

Tento recept můžete obměňovat přidáním kávových bonbónů, karamelů atd.

CITRUSOVÉ COOKIES

INGREDIENCE

220 g změklého másla

170 g mouky

55 g moučkového cukru

35 g kukuřičného škrobu

5 g pomerančové kůry

5 g citronové kůry

2 lžíce pomerančové šťávy

1 polévková lžíce citronové šťávy

1 vaječný bílek

Vanilka

ZPRACOVÁVÁ SE

Velmi pomalu vmícháme máslo, bílek, pomerančovou šťávu, citronovou šťávu, citrusovou kůru a špetku vanilkové esence. Promícháme a přidáme prosátou mouku a kukuřičný škrob.

Těsto vložte do rukávu s kudrnatou tryskou a na pečicí papír nakreslete 7 cm kroužky. Pečeme 15 minut při 175 ºC.

Sušenky posypeme moučkovým cukrem.

TRIK

Do těsta přidejte mletý hřebíček a zázvor. Výsledek je výborný.

MANGA PASTY

INGREDIENCE

550 g sypké mouky

400 g změklého másla

200 g moučkového cukru

125 g mléka

2 vejce

Vanilka

sůl

ZPRACOVÁVÁ SE

Smíchejte mouku, cukr, špetku soli a další vanilkovou esenci. Jedno po druhém přidávejte ne příliš studená vejce. Zalijeme mírně teplým mlékem a přidáme prosátou mouku.

Těsto dejte do návleku s ježečkovou tryskou a trochu nalijte na pečící papír. Pečeme při 180ºC 10 min.

TRIK

Zvenčí můžete přidat trochu granulovaných mandlí, namáčet je v čokoládě nebo k nim připojit třešně.

HRUŠKY VE VÍNĚ

INGREDIENCE

300 ml dobrého červeného vína

250 g cukru

4 hrušky

1 tyčinka skořice

1 citronová kůra

1 pomerančová kůra

ZPRACOVÁVÁ SE

V hrnci udělejte sirup z ½ litru vody a cukru. Vařte na mírném ohni 15 min. Po uplynutí této doby přidejte víno, citrusové kůry a skořici.

Hrušky oloupeme a na víně je pod přikryté pánvi podusíme 20 minut nebo do změknutí. Sundejte z plotny a nechte je vychladnout v tekutině.

TRIK

Může být vyroben z vína passito, bílého vína a dokonce i lambrusca.

ALAŠSKÝ KOLÁČ

INGREDIENCE

Piškotový dort Soletilla (viz sekce Dezerty)

100 g cukru

8 bílků

Zmrzlinový blok 300g

100 g ovoce v sirupu

ZPRACOVÁVÁ SE

Udělejte piškot a nechte vychladnout.

Připravte sirup z 200 ml vody a 50 g cukru. Vařte 5 minut na středně vysoké teplotě.

Z 8 bílků ušleháme tuhý sníh a když jsou téměř tuhé, přidáme zbytek cukru.

Sirupem postupně prelévejte bílky, aniž byste přestali šlehat. Pokračujte v šlehání, dokud pusinky přestanou být horké.

Na dort položte mraženou zmrzlinu a na zmrzlinu ovoce. Zakryjte pusinkou a vařte 1 minutu při vysoké teplotě, dokud povrch nezezlátne.

TRIK

Na poslední chvíli sestavit a upéct dort. Překvapí teplotní kontrast. Do bílků přidejte špetku soli, aby byla pusinka stabilnější.

PUDINK

INGREDIENCE

300 g cukru

1 litr mléka

8 vajec

Dezerty (muffiny, plněné croissanty atd.)

Ocet

ZPRACOVÁVÁ SE

Karamel připravíme se 100 g cukru, 1 sklenicí vody a kapkou octa. Jakmile se začne barvit, stáhněte z ohně a odstavte.

Vejce rozšleháme se zbytkem cukru a mlékem (nemělo by pěnit, pokud něco vytéká, odstraňte).

Nalijte karamel na dno formy. Poté zalijte vaječnou směsí, přidejte pečivo a nechte nasáknout.

Pečte v bain-marie při 170ºC po dobu 45 minut nebo dokud jehla zapíchnutá do středu pudinku nevyschne. Před konzumací nechte vychladnout.

TRIK

Před pečením do těsta přidejte pár čokoládových perliček. Jakmile se rozpustí, poskytuje lahodnou chuť.

TOMATO KONCASSY

INGREDIENCE

1 kg rajčat

120 g cibule

2 stroužky česneku

1 snítka rozmarýnu

1 snítka tymiánu

cukr

1 dl olivového oleje

sůl

ZPRACOVÁVÁ SE

Cibuli a česnek nakrájíme na malé kousky. Pomalu opékejte 10 minut na pánvi.

Cherry rajčata nakrájejte a přidejte do pánve spolu s aromatickými bylinkami. Vařte, dokud rajčata neztratí veškerou vodu.

Dochuťte solí a případně dochuťte cukrem.

TRIK

Dá se připravit předem a skladovat v lednici ve vzduchotěsné nádobě.

ROBERTO OMÁČKA

INGREDIENCE

200 g jarní cibulky

100 g másla

½ litru hovězího vývaru

¼ litru bílého vína

1 polévková lžíce mouky

1 lžíce hořčice

Sůl a pepř

ZPRACOVÁVÁ SE

Na másle zpěníme nakrájenou cibuli. Přidejte mouku a pomalu vařte 5 minut.

Zvyšte teplotu, přidejte víno a za stálého míchání nechte zredukovat na polovinu.

Přidejte vývar a vařte dalších 5 minut. Po odstavení z ohně přidejte hořčici a dochuťte solí a pepřem.

TRIK

Ideální k vepřovému masu.

RŮŽOVÁ OMÁČKA

INGREDIENCE

250 g majonézové omáčky (viz část Vývary a omáčky)

2 lžíce kečupu

2 lžíce brandy

½ pomerančového džusu

Tabasco

Sůl a pepř

ZPRACOVÁVÁ SE

Smíchejte majonézu, kečup, brandy, šťávu, špetku tabasca, sůl a pepř. Dobře prošlehejte, dokud nezískáte hladkou omáčku.

TRIK

Aby byla omáčka homogennější, přidejte ½ lžíce hořčice a 2 lžíce tekuté smetany.

RYBÍ TAŠKA

INGREDIENCE

500 g bílých rybích kostí nebo hlav

1 dl bílého vína

1 snítka petrželky

1 pórek

½ malé cibule

5 kuliček pepře

ZPRACOVÁVÁ SE

Všechny ingredience dejte do hrnce a zalijte 1 litrem studené vody. Vařte na středním plameni 20 minut, aniž byste přestali pěnit.

Přefiltrujte, přendejte do jiné nádoby a rychle uložte do lednice.

TRIK

Nesolte, dokud nebudete připraveni k použití, protože je pravděpodobnější, že se zkazí. Je základem omáček, rýžových pokrmů, polévek atp.

NĚMECKÁ OMÁČKA

INGREDIENCE

35 g másla

35 g mouky

2 žloutky

½ litru vývaru (ryby, maso, drůbež atd.)

sůl

ZPRACOVÁVÁ SE

Mouku osmahněte na másle na mírném ohni po dobu 5 minut. Přidejte vývar najednou a za stálého míchání vařte na středním plameni dalších 15 minut. Dochutíme solí.

Odstraňte z ohně a bez přerušení šlehání přidejte žloutky.

TRIK

Nezahřívejte příliš, aby se žloutky nesrazily.

www.ingramcontent.com/pod-product-compliance
Lightning Source LLC
Chambersburg PA
CBHW071431080526
44587CB00014B/1801